高等职业教育城市轨道交通运营管理专业系列教材
职业教育国家精品在线开放课程配套新形态一体化教材

城市轨道交通运输设备的运用

（实训指导手册）

费安萍　姚琴兰◎主　编
沈俊娜　廖全蜜　陈木明◎副主编
周世爽◎主　审

中国铁道出版社有限公司
CHINA RAILWAY PUBLISHING HOUSE CO., LTD.

内 容 简 介

本书为“十四五”职业教育国家规划教材《城市轨道交通运输设备的运用》(第二版)(以下简称“主教材”)配套的实训指导手册,也是与职业教育国家级精品在线开放课程“轨道交通运输设备运用”配套的新形态一体化教材的辅教材。

本书共四个项目:线路车站及供电设备的运用、车辆设备的运用、通信信号设备的运用、车站机电设备的运用。本书根据主教材 PDCA 理念设计结构,每个任务都由“学习目标”“任务准备”“任务作业单”“自学资讯”“计划与决策”“任务实施”“检查与评价”“反馈与改进”“改善与提高”“任务总结报告”组成,每个任务均紧紧围绕“任务作业单”展开,其中,“任务实施”“反馈与改进”等模块设计了可供学生记录的表格,突出“教学做”一体化特点。

本书适合作为职业院校城市轨道交通运营管理及相关专业的教材,也可作为从事轨道交通运营管理相关工作的专业技术人员的参考书。

图书在版编目(CIP)数据

城市轨道交通运输设备的运用 : 实训指导手册 / 费安萍, 姚琴兰主编. -- 北京 : 中国铁道出版社有限公司, 2025. 4. --(高等职业教育城市轨道交通运营管理专业系列教材). -- ISBN 978-7-113-32159-8

Ⅰ. U239.5

中国国家版本馆 CIP 数据核字第 2025D1W465 号

书　　名:城市轨道交通运输设备的运用(实训指导手册)
作　　者:费安萍　姚琴兰

策　　划:李中宝　　**编辑部电话**:(010)83527746
责任编辑:李中宝　李学敏
封面设计:刘　颖
责任校对:苗　丹
责任印制:赵星辰

出版发行:中国铁道出版社有限公司(100054,北京市西城区右安门西街 8 号)
网　　址:https://www.tdpress.com/51eds
印　　刷:北京联兴盛业印刷股份有限公司
版　　次:2025 年 4 月第 1 版　2025 年 4 月第 1 次印刷
开　　本:787 mm×1 092 mm 1/16　**印张**:5.75　**字数**:150 千
书　　号:ISBN 978-7-113-32159-8
定　　价:40.00 元

前言

本书是“十四五”职业教育国家规划教材《城市轨道交通运输设备的运用》(第二版)的配套实训指导手册,也是与职业教育国家级精品在线开放课程“轨道交通运输设备运用”配套的新形态一体化教材的辅教材。

《城市轨道交通运输设备的运用》(第二版)(以下简称“主教材”)紧跟城市轨道交通、城际轨道交通、市域铁路和干线铁路“四网融合”新业态,适应城市轨道交通智能运维发展趋势,集成国家级精品在线课程“轨道交通运输设备运用”教育教学改革成果和数字教学资源。这本新形态活页式主教材,旨在培养“会操作、懂原理、紧跟前沿技术、热情服务乘客、具有设备创新意识”的技术技能人才。主教材变革传授型教学模式,设计17个任务作业单;结合高职教育教学规律,采用真实案例进行“情景导入”;提出“技能+知识+素质”的三维学习目标;结合线上数字资源开发“学习地图”;以PDCA理念提出“自学资讯”“计划与决策”“任务实施”“检查与评价”“反馈与改进”“完善与拓展”六大学习活动;结合生产实际编写“相关知识”“技能训练”;结合技能大赛真题、紧跟前沿技术编写“巩固与提高”。

本书项目编排与主教材一致,全书共分四大设备运用项目。根据主教材PDCA理念设计结构,每个任务都由“学习目标”“任务准备”“任务作业单”“自学资讯”“计划与决策”“任务实施”“检查与评价”“反馈与改进”“改善与提高”“任务总结报告”组成,每个任务均紧紧围绕任务作业单展开,其中“任务实施”“反馈与改进”等模块设计了可供学生记录的表格,突出“教学做”一体化特点。

本书由广州铁路职业技术学院费安萍、姚琴兰任主编,沈俊娜、廖全蜜、陈木明任副主编。编写分工如下:项目一由沈俊娜、费安萍、何红编写;项目二由姚琴兰、陈木明编写;项目三由费安萍、曾险峰编写;项目四由杨恒、廖全蜜编写。全书由深圳地铁集团有限公司周世爽主审。

书中参考引用了国内外城市轨道交通领域的专家、学者的著作,在书末列出了主要的参考文献,在此对这些参考文献的作者表示衷心的感谢。

由于时间仓促及编者水平有限,书中疏漏和不妥之处在所难免,敬请读者反馈,以便今后修订和完善。

编　者

2024年12月

目 录

项目一

线路车站及供电设备的运用

项目二

车辆设备的运用

项目三

通信信号设备的运用

项目四

车站机电设备的运用

项目一

线路车站及供电设备的运用

任务1 辨识线路及其标志

学习目标

1. 能测量轨距、线间距等静态线路几何尺寸；
2. 会观测线路水平、高低及爬行情况；
3. 能判断线路曲线、坡度对列车运行的影响；
4. 会计算线路换算坡度；
5. 能正确识别线路标志；
6. 具有吃苦耐劳、认真细致、实事求是的职业精神和工作态度。

任务准备

器材工具	教学建议	课时
轨道交通线路、轨距尺、卷尺、线路检查记录本等	1. 校内有线路设备实训场地，建议现场教学； 2. 在确保安全条件下，到已开通运营的地铁或铁路线路、车站、车辆段、动车基地现场教学	4

任务作业单

本任务主要有以下几个部分：

1. 辨识下列情境线路及其主要组成部分，说出各组成部分功能：

情境一：城市轨道交通线路，设计时速 80 ~ 140 km；

情境二：城际轨道交通线路，设计时速 160 ~ 250 km；

情境三：高速铁路线路，设计时速 250 ~ 350 km。

2. 辨识线路常见标志。

3. 测量静态线路轨距、线间距：

情境一：直线地段；

情境二：曲线地段；

情境三：道岔区段。

4. 直线地段线路爬行观测。

自学资讯

序号	自学资讯名称	自学资讯内容
1	学习地图	本任务学习地图见主教材
2	重难点微课视频（二维码见主教材）	1. 轨道交通线路的分类； 2. 轨道的组成及作用； 3. 线路的标志； 4. 限界； 5. 线路的平面

计划与决策

1. 根据任务作业单进行岗位分工，明确各岗位工作职责，撰写任务实施计划。

2. 形成决策意见，包括所需工具（采用何种方式测量静态线路、观测道岔）以及实训操作相关注意事项（记录小组讨论需要注意的点）。

<table>
<tr><td>记录人</td><td colspan="2"></td><td>时间</td><td></td></tr>
<tr><td>任务实施计划</td><td colspan="4">可根据需要画横线。
<table><tr><td>序号</td><td>步骤名称</td><td>工作要点</td></tr><tr><td></td><td></td><td></td></tr></table></td></tr>
<tr><td>指导老师意见</td><td colspan="4">指导老师签名：　　　　日期：</td></tr>
<tr><td rowspan="4">小组决策</td><td colspan="4">决策意见：</td></tr>
<tr><td colspan="4">作业流程：</td></tr>
<tr><td colspan="4">所需工具：</td></tr>
<tr><td colspan="4">注意事项：</td></tr>
</table>

任务实施

根据指导老师提供的资讯，小组讨论合作分工，个人任务自己独立完成，协助任务配合完成，并按自己的角色记录完成情况。

<table>
<tr><td>记录人</td><td></td><td>时间</td><td></td></tr>
<tr><td>实施一
（讨论）</td><td colspan="3">讨论记录：</td></tr>
<tr><td rowspan="2">实施二
（任务完成）</td><td colspan="3">1. 辨识线路及其主要组成部分，说出主要组成部分功能。按所选情境做出处理，并记录作业要点及测量数据。
情境________，记录如下：</td></tr>
<tr><td colspan="3">2. 识别下列线路主要标志。
第一组：

（　　）

（　　）
第二组：

（　　）

（　　）</td></tr>
</table>

续表

第三组：

（　　）

第四组：

（　　）

（　　）

实施二
（任务完成）

3. 按所选情境进行轨距和线间距的测量，并记录作业要点及测量数据。

参考主教材“技能训练”模块中使用轨距尺测量轨距的方法和步骤，使用轨距尺测量线间距，可以选择站内不同种类的线路线间距和区间正线线间距两处进行测量。线间距测量需要注意测量作业人身安全。

情境________，记录如下：

工具汇总表：

序　　号	名　　称	数　　量

4. 记录直线地段线路爬行情况作业要点及测量数据。

路段________，记录如下：

工具汇总表：

序　　号	名　　称	数　　量

续表

变更计划记录	在任务实施过程中，如果执行计划有变更，请作记录，并说明理由。
指导老师意见	指导老师签名：　　　　日期：

检查与评价

任务1　辨识线路及其标志							综合得分
记录人		记录时间		自我评价	小组评价	教师评价	
1. 知识技能评价	1. 能说出线路六个主要组成及功能； 2. 能辨识主要线路标志； 3. 清楚三种限界含义及范围； 4. 能测量静态线路轨距、线间距等几何尺寸； 5. 会评估直线地段线路爬行和水平状态						
2. 方法能力评价	1. 具备根据学习资讯进行分析推理、归纳总结、建构知识架构的自学能力； 2. 具备安全使用轨距尺、卷尺等工具的能力； 3. 具备在线路上安全测量观测作业的团队协作、沟通交流能力						
3. 思政评价	1. 具备劳动安全、设备安全、运输生产安全的系统安全意识； 2. 具备认真细致、沉着冷静的岗位职业素养						

反馈与改进

记录人		时间	
反馈与改进			

改善与提高

记录人		时间	
改善与提高	1. 完成主教材“巩固与提高”模块； 2. 进行线路设备相关前沿技术的探索和研究； 3. 学习相关线路设备的拓展资讯。		

任务总结报告

记录人		时间	
总结报告	请阐述任务评价反馈后，记录对辨识线路及其标志、测量轨距和线间距的认知、理解与使用的反思，并谈谈对任务实施过程的体会。		

任务2 人工转换道岔

学习目标

1. 画出单开道岔结构示意图，并说出单开道岔的各部分组成及功用，掌握道岔的结构对列车运行的影响；
2. 能正确判定线路上道岔的开通位置，能在规定时间内按照标准完成人工转换道岔作业；
3. 养成劳动安全和防护意识、运输设备安全操作意识和认真负责、严谨的职业精神。

任务准备

器材工具	教学建议	课时
手摇把、荧光衣、信号灯（旗）等	1. 校内有道岔设备实训场地，建议现场教学； 2. 在确保安全条件下，到已开通运营的地铁或铁路线路、车站基地现场教学	4

任务作业单

对于人工转换道岔，主要任务有以下几个部分：

1. 画一普通单开道岔示意图，并标注各部分名称；
2. 辨识人工转换道岔的各项工器具和防护用品；

3. 按标准人工转换单开道岔：

情境一：道岔原先位置与进路所需位置一致，应如何处理？

情境二：道岔原先位置与进路所需位置不一致，应如何处理？

4. 讨论人工转换道岔双人作业与单人作业的异同点。

自学资讯

序号	自学资讯名称	自学资讯内容
1	学习地图	本任务学习地图见主教材。
2	重难点微课视频（二维码见主教材）	1. 道岔的分类及编号； 2. 道岔的组成； 3. 手摇道岔作业实训

计划与决策

1. 根据作业任务单进行岗位分工，明确各岗位工作职责，撰写任务实施计划。

2. 形成决策意见，包括所需工具（采用何种方式测量道岔，绘制示意图）及实训操作相关注意事项（记录小组讨论需要注意的点）。

<table>
<tr><td>记录人</td><td></td><td>时间</td><td></td></tr>
<tr><td>任务实施计划</td><td colspan="3">可根据需要画横线。
<table><tr><td>序号</td><td>步骤名称</td><td>工作要点</td></tr><tr><td></td><td></td><td></td></tr></table></td></tr>
<tr><td>指导老师意见</td><td colspan="3">指导老师签名：　　　　日期：</td></tr>
<tr><td rowspan="4">小组决策</td><td colspan="3">决策意见：</td></tr>
<tr><td colspan="3">作业流程：</td></tr>
<tr><td colspan="3">所需工具：</td></tr>
<tr><td colspan="3">注意事项：</td></tr>
</table>

任务实施

根据指导老师提供的资讯，小组讨论合作分工，个人任务自己独立完成，协助任务配合完成，并按自己的角色记录完成情况。

<table>
<tr><td>记录人</td><td></td><td>时间</td><td></td></tr>
<tr><td>实施一
（讨论）</td><td colspan="3">讨论记录：</td></tr>
<tr><td rowspan="2">实施二
（任务完成）</td><td colspan="3">1. 在以下空白处画一普通单开道岔示意图，并标注各部分名称。</td></tr>
<tr><td colspan="3">2. 识别下列人工转换道岔的工具，并写出工具名单。
第一组：
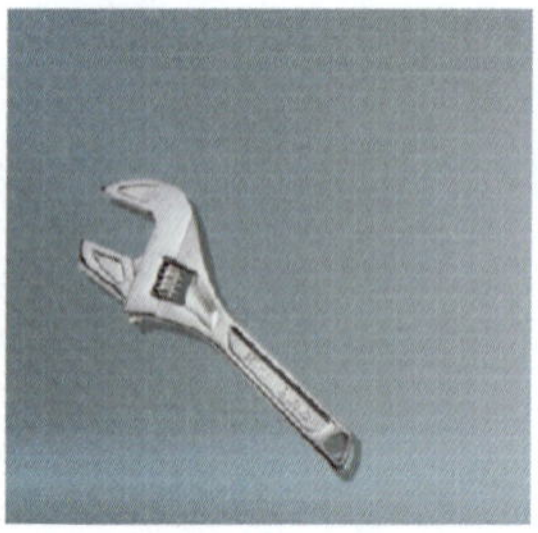
（　　）
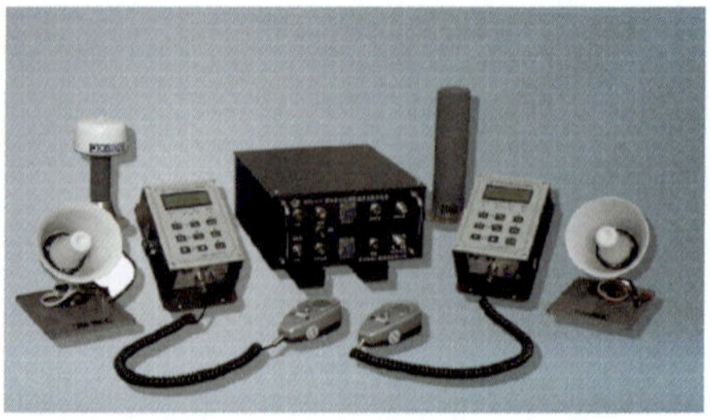
（　　）
第二组：

（　　）
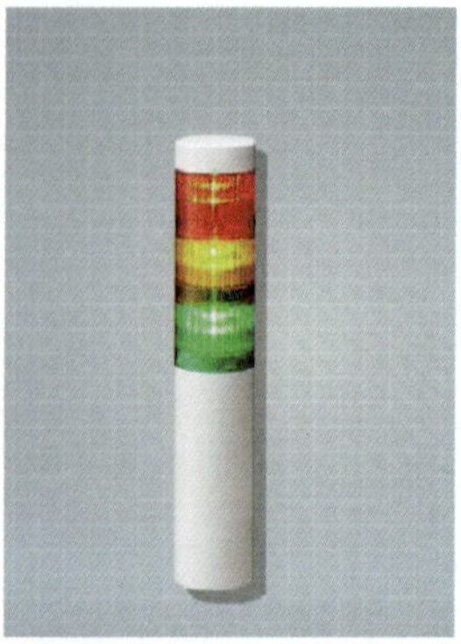
（　　）</td></tr>
</table>

续表

<table>
<tr>
<td>实施二
（任务完成）</td>
<td>

（　）
第三组：

（　）

（　）
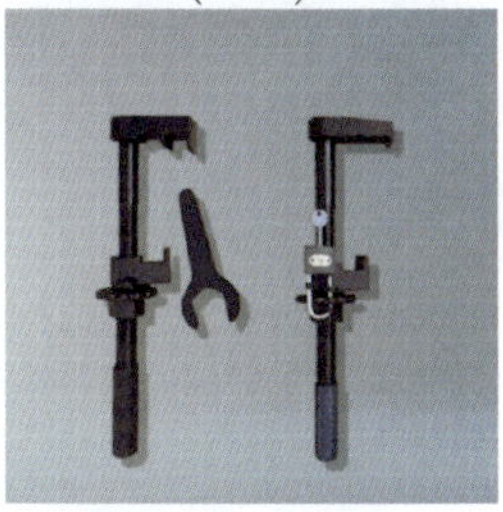
（　）
第四组：

（　）

（　）
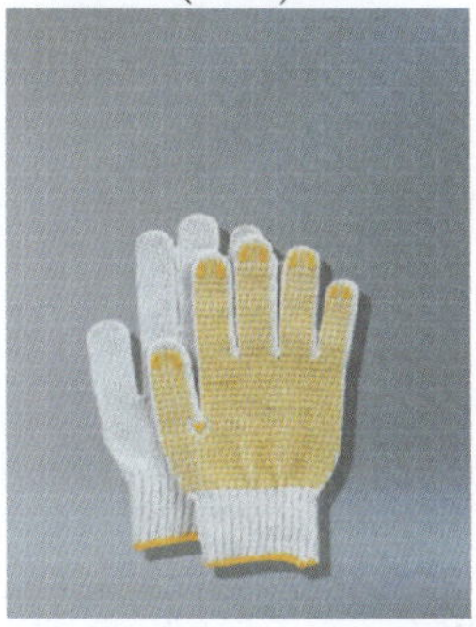
（　）
</td>
</tr>
</table>

续表

<table>
<tr><td rowspan="3">实施二
（任务完成）</td><td>工具汇总表：
<table><tr><th>序　号</th><th>名　称</th><th>数　量</th></tr><tr><td></td><td></td><td></td></tr><tr><td></td><td></td><td></td></tr></table></td></tr>
<tr><td>3. 人工转换单开道岔，按所选情境做出处理，并记录作业要点及汇报用语。
参考主教材“技能训练”模块中人工转换道岔的方法和步骤，城市轨道交通高速地铁采用 18 号以上的大号码道岔，需要两台电动转辙机方能将道岔尖轨转换位置，赴高速地铁车辆段或轨道交通校内实训基地进行人工转换单开道岔作业。
情境________，记录如下：</td></tr>
<tr><td>4. 讨论双人人工转换道岔作业与单人作业的异同点。
讨论记录：
相同点：

不同点：</td></tr>
<tr><td>变更计划
记录</td><td>在任务实施过程中，如果执行计划有变更，请作记录，并说明理由。</td></tr>
<tr><td>指导老师
意见</td><td>指导老师签名：　　　　日期：</td></tr>
</table>

检查与评价

<table>
<tr><td colspan="4">任务 2　人工转换道岔</td><td colspan="3"></td><td rowspan="2">综合得分</td></tr>
<tr><td>记录人</td><td></td><td>记录时间</td><td></td><td>自我评价</td><td>小组评价</td><td>教师评价</td></tr>
<tr><td>1. 知识技能评价</td><td colspan="3">1. 辨析三种及以上不同道岔类型；
2. 所画单开道岔示意图比例适当，结构无遗漏，标注正确；
3. 说出道岔号数和侧向行车允许通过速度之间的关系；
4. 熟练转换单开道岔</td><td></td><td></td><td></td><td rowspan="3"></td></tr>
<tr><td>2. 方法能力评价</td><td colspan="3">1. 具备根据资讯进行分析推理、归纳总结、建构知识架构的自学能力；
2. 具备人工转换道岔时的团队协作、沟通交流能力；
3. 具备严格按照人工转换道岔作业流程进行标准化作业的能力</td><td></td><td></td><td></td></tr>
<tr><td>3. 思政评价</td><td colspan="3">1. 具备劳动安全、设备安全、运输生产安全的系统安全意识；
2. 具备设备故障情况下胸有成竹、临危不乱和沉着冷静的岗位职业素养</td><td></td><td></td><td></td></tr>
</table>

反馈与改进

记录人		时间	
反馈与改进			

改善与提高

记录人		时间	
改善与提高	1. 完成主教材“巩固与提高”模块； 2. 进行道岔设备相关前沿技术的探索和研究； 3. 学习道岔相关的拓展资讯。		

任务总结报告

记录人		时间	
总结报告	请阐述任务评价反馈后，记录对人工转换道岔的认知、理解与使用的反思，并谈谈在任务实施过程中的体会。		

任务3 剖析车站的功能及结构

学习目标

1. 能铺画车站站场平面示意图；
2. 能分析车站布局，以具体车站为例，绘制车站站厅、站台层平面示意图，标注乘客进出站流线；
3. 能分辨不同车站标识的含义；
4. 具有对车站布局、车站导向标志系统进行合理优化的服务创新意识。

任务准备

器材工具	教学建议	课时
A3白纸，绘图工具，相机（或有拍照功能的手机）	1. 校内有轨道交通车站模拟实训场地，建议现场教学； 2. 在确保安全条件下，到已开通运营的地铁或铁路线路、车站基地现场教学	4

任务作业单

对于城市轨道交通车站的学习，主要任务有以下几个部分：

1. 按乘客进站乘车流线补充车站功能设备，并设计必要标志系统；
2. 绘制车站平面示意图，并标示股道编号和道岔编号；
3. 讨论并记录整理不同车站的设备布局和乘客流线组织。

自学资讯

序号	自学资讯名称	自学资讯内容
1	学习地图	本任务学习地图见主教材
2	重难点微课视频（二维码见主教材）	城市轨道交通车站标志系统

计划与决策

1. 根据任务作业单进行岗位分工，明确各岗位工作职责，撰写任务实施计划。

2. 形成决策意见，包括所需工具（采用何种方式考察车站，观察车站标志、绘制示意图等）及实训操作相关注意事项（记录小组讨论需要注意的点）。

<table>
<tr><td>记录人</td><td></td><td>时间</td><td></td></tr>
<tr><td>任务实施计划</td><td colspan="3">可根据需要画横线。
<table><tr><th>序号</th><th>步骤名称</th><th>工作要点</th></tr><tr><td></td><td></td><td></td></tr></table></td></tr>
<tr><td>指导老师意见</td><td colspan="3">指导老师签名：　　　　日期：</td></tr>
<tr><td rowspan="4">小组决策</td><td colspan="3">决策意见：</td></tr>
<tr><td colspan="3">作业流程：</td></tr>
<tr><td colspan="3">所需工具：</td></tr>
<tr><td colspan="3">注意事项：</td></tr>
</table>

任务实施

根据指导老师提供的资讯，小组讨论合作分工，个人任务自己独立完成，协助任务配合完成，并按自己的角色记录完成情况。

<table>
<tr><td>记录人</td><td></td><td>时间</td><td></td></tr>
<tr><td>实施一
（讨论）</td><td colspan="3">讨论记录：</td></tr>
<tr><td rowspan="3">实施二
（任务完成）</td><td colspan="3">1. 按乘客进站乘车流线补充车站功能设备，并设计必要标志系统，可结合下图或自行设计。
</td></tr>
<tr><td colspan="3">2. 绘制车站平面示意图，并标出股道和道岔编号。</td></tr>
<tr><td colspan="3">3. 选择一个合适的轨道交通站点，考察站厅、站台等公共区域，并绘制车站站厅层功能分区的平面示意图，标志进站、出站乘客流线。按所选情境做出处理，并记录作业要点及绘图。
一般的，城市轨道交通车站分站厅和站台层，乘客主要流线为进站和出站流线，地铁车站站厅（站台）层平面示意图绘制和流线标志（参考主教材“技能训练”模块内容）步骤具体如下：
第一步：画出站厅（站台）层示意图，如下图所示；
第二步：在图上标出各功能分区；
第三步：在示意图上绘制主要设施；
第四步：用箭头表示客流流向。</td></tr>
</table>

续表

<table>
<tr><td rowspan="2">实施二
（任务完成）</td><td>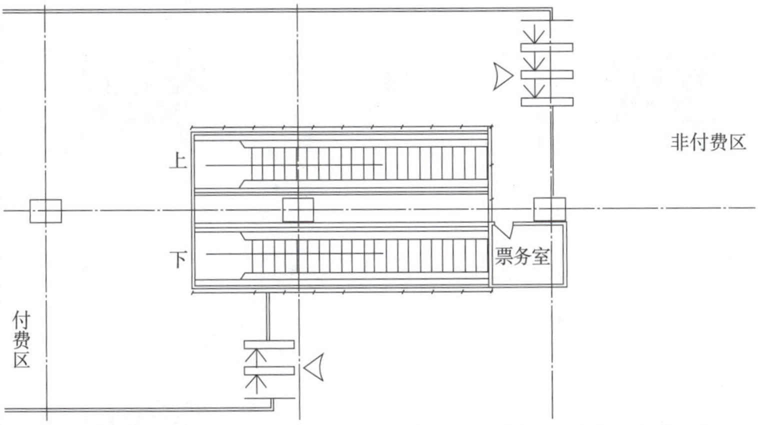

情境________，讨论、记录整理不同车站的设备布局和乘客流线组织，记录如下：</td></tr>
<tr><td>选做题：说说以下标志系统（包括但不限于以下图片）各设置在什么位置。

</td></tr>
</table>

续表

<table>
<tr><td>实施二
（任务完成）</td><td>选做题：试着在下图中画出乘客进站及换乘流线。
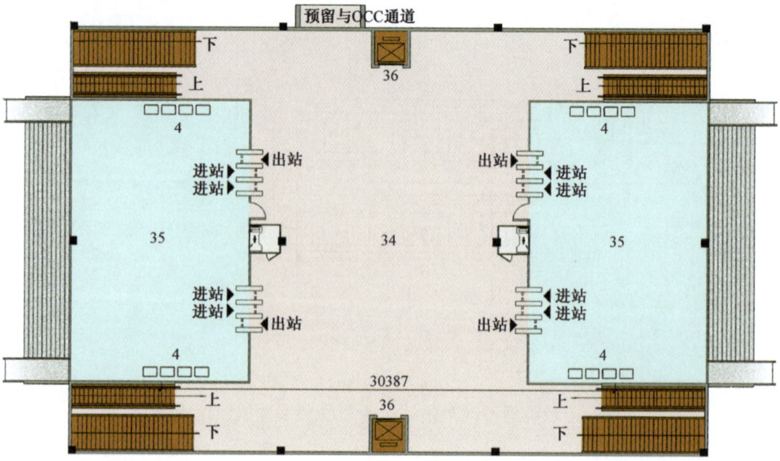
</td></tr>
<tr><td>变更计划
记录</td><td>在任务实施过程中，如果执行计划有变更，请作记录，并说明理由。</td></tr>
<tr><td>指导老师
意见</td><td>指导老师签名：　　　　　　　日期：</td></tr>
</table>

检查与评价

<table>
<tr><td colspan="7">任务3　剖析车站的功能及结构</td><td rowspan="2">综合得分</td></tr>
<tr><td>记录人</td><td></td><td>记录时间</td><td></td><td>自我评价</td><td>小组评价</td><td>教师评价</td></tr>
<tr><td>1. 知识技能评价</td><td colspan="3">1. 认识车站各类标识；
2. 掌握车站线路分类，股道编号、道岔编号基本原则；
3. 了解车站建筑主要组成及站厅站台平面布置；
4. 熟悉车站的主要功能</td><td></td><td></td><td></td><td rowspan="3"></td></tr>
<tr><td>2. 方法能力评价</td><td colspan="3">1. 能根据资讯进行分析推理、归纳总结、建构知识架构的自学能力；
2. 能简单应用车站标识系统；
3. 能梳理出车站的客运作业主要内容和关键点</td><td></td><td></td><td></td></tr>
<tr><td>3. 思政评价</td><td colspan="3">1. 具备车站设备操作安全、乘客安全重于一切的岗位责任心；
2. 具备安全操作车站设备、乘客安全重于一切的岗位责任心；
3. 具备设备故障情况下胸有成竹、临危不乱和沉着冷静的岗位职业素养</td><td></td><td></td><td></td></tr>
</table>

反馈与改进

记录人		时间	
反馈与改进			

改善与提高

记录人		时间	
改善与提高	1. 完成主教材“巩固与提高”模块； 2. 进行车站设备相关前沿技术的探索和研究； 3. 学习智慧车站相关的拓展资讯。		

任务总结报告

记录人		时间	
总结报告	请阐述任务评价反馈后，记录对车站平面布置、车站标志系统及智慧车站功能的认知、理解与使用的反思，并谈谈在任务实施过程中的体会。		

任务4　城市轨道交通供电系统概述

学习目标

1. 能画出城市轨道交通系统供电系统组成示意图；

2. 能分析一条地铁线路的供电臂供电范围;
3. 能画出直流牵引变电所的接线原理图并复述其原理;
4. 具有安全生产责任意识,具备对供电设备进行安全操作的职业素养和认真负责的工作态度。

任务准备

器材工具	教学建议	课时
相机(或有拍照功能的手机)、记录本、A4白纸、绘图工具等	1. 校内有牵引供电设备实训场地,建议现场教学; 2. 在确保安全条件下,到已开通运营的地铁或铁路线路、车站或车辆段等开展现场教学	4

任务作业单

对于城市轨道交通供电系统的学习,主要任务有以下几个部分:
1. 绘制一个城市轨道交通供电系统总体组成示意图;
2. 考察一个车站,根据车站情况绘制该站主要设备供电示意图;
3. 考察不同受电方式的城市轨道交通线路,指出主要异同点:
情境一:接触网;
情境二:第三轨。

自学资讯

序号	自学资讯名称	自学资讯内容
1	学习地图	本任务学习地图见主教材
2	重难点微课视频(二维码见主教材)	1. 城市轨道交通供电系统的组成; 2. 牵引供电系统原理

计划与决策

1. 根据任务作业单进行岗位分工,明确各岗位工作职责,撰写任务实施计划。

2. 形成决策意见,包括所需工具(采用何种方式安全考察车站供电设备、接触网等)及实训操作相关注意事项(记录小组讨论需要注意的点)。

<table>
<tr><td>记录人</td><td></td><td>时间</td><td></td></tr>
<tr><td>任务实施计划</td><td colspan="3">可根据需要画横线。
<table><tr><td>序号</td><td>步骤名称</td><td>工作要点</td></tr><tr><td></td><td></td><td></td></tr></table></td></tr>
</table>

续表

指导老师意见	指导老师签名：　　　　日期：
小组决策	决策意见：
	作业流程：
	所需工具：
	注意事项：

任务实施

根据指导老师提供的资讯，小组讨论合作分工，个人任务自己独立完成，协助任务配合完成，并按自己的角色记录完成情况。

记录人		时间	
实施一 （讨论）	讨论记录：		
实施二 （任务完成）	1. 绘制一个城市轨道交通供电系统总体组成示意图，分析一条地铁线路的供电臂供电范围，并做出必要的说明。 主教材“技能训练”模块提出了城市轨道交通供电系统总体组成示意图绘制方法，一条地铁线路的供电臂供电范围根据该线路的《城市轨道交通行车组织规则》（JT/T 1185—2018）分析查定，具体步骤为： （1）分析上行正线每一个供电分区的起止中心里程和起止隔离开关； （2）分析下行正线每一个供电分区的起止中心里程和起止隔离开关； （3）查定辅助线的供电区和手动闸刀编号； （4）查定车辆段接触网供电范围。		

续表

实施二（任务完成）	2. 考察一个车站，根据车站情况绘制该站主要设备供电示意图。 （1）车站名称及类型： （2）供电示意图：
	3. 考察不同受电方式的城市轨道交通线路，写出主要异同点。情境________，记录如下：
	选做题：结合下图，说说轨道交通牵引网的组成。 
变更计划记录	在任务实施过程中，如果执行计划有变更，请作记录，并说明理由。
指导老师意见	指导老师签名：　　　　　　日期：

检查与评价

<table>
<tr><td colspan="7">任务4　城市轨道交通供电系统概述</td><td rowspan="2">综合得分</td></tr>
<tr><td>记录人</td><td></td><td>记录时间</td><td></td><td>自我评价</td><td>小组评价</td><td>教师评价</td></tr>
<tr><td>1. 知识技能评价</td><td colspan="3">1. 说出城市轨道交通供电制式及三种供电方式；
2. 能清晰准确画出城市轨道交通供电系统组成示意图；
3. 熟悉接触网的结构形式；
4. 分析一条地铁线路的供电臂供电范围；
5. 画图说明牵引供电系统工作原理</td><td></td><td></td><td></td><td rowspan="3"></td></tr>
<tr><td>2. 方法能力评价</td><td colspan="3">1. 能根据资讯进行分析推理、归纳总结、建构知识架构的自学能力；
2. 能绘制一个城市轨道交通供电系统总体组成示意图；
3. 能绘制指定车站主要设备供电示意图</td><td></td><td></td><td></td></tr>
<tr><td>3. 思政评价</td><td colspan="3">1. 具备轨道交通供电系统设备操作安全的安全生产意识；
2. 具备供电系统远程控制和自动控制的工程思维意识</td><td></td><td></td><td></td></tr>
</table>

反馈与改进

记录人		时间	
反馈与改进			

改善与提高

记录人		时间	
改善与提高	1. 完成主教材“巩固与提高”模块； 2. 进行轨道交通供电设备相关前沿技术的探索和研究； 3. 学习供电设备相关的拓展资讯。		

任务总结报告

记录人		时间	
总结报告	请阐述任务评价反馈后，记录对城市轨道交通供电系统功能的认知、理解与使用的反思，并谈谈在任务实施过程中的体会。		

项目二

车辆设备的运用

任务1 辨识城市轨道交通车辆设备

学习目标

1. 能辨识轨道交通车辆的各部件名称；
2. 能解释轨道交通车辆参数；
3. 会写出列车编组表达式，辨析不同线路不同时段的灵活列车编组；
4. 根据相关资讯进行分析、推理和归纳，并建构关于车辆设备的基本知识架构；
5. 具备严格遵循《城市轨道交通行车组织规则》(JT/T 1185—2018)、《地铁车辆运营技术规范(试行)》(交办运〔2022〕84 号)的标准化作业意识。

任务准备

器材工具	教学建议	课时
轨道交通车辆	1. 校内有轨道交通车辆设备实训场地，建议现场教学； 2. 在确保安全条件下，到已开通运营的地铁或铁路线路、车站、车辆段、动车基地现场教学	4

任务作业单

本任务主要有以下几个部分：

1. 辨识车辆设备的类型，说出车辆的结构，指认车辆主要部件的名称；
2. 测量轨道交通车辆的参数，解释车辆的尺寸参数和技术参数的含义；
3. 绘制车辆三视图并标出车辆的主要尺寸参数；
4. 绘制某城市轨道交通列车编组图，分析城际轨道交通、普速铁路和高速铁路的列车编组；
5. 分析比较不同类型的轨道交通车辆，讨论车辆设备前沿技术的发展。

自学资讯

序号	自学资讯名称	自学资讯内容
1	学习地图	本任务学习地图见主教材
2	重难点微课视频(二维码见主教材)	1. 轨道交通车辆组成； 2. 轨道交通车辆参数； 3. 轨道交通列车编组

计划与决策

1. 选择城市轨道交通不同线路运营车辆,明确各人任务职责,撰写任务实施计划。

2. 形成决策意见,包括所需工具(车辆模型等)、采用何种方式测量参数及实训操作注意事项。

3. 小组讨论和组间交流,根据指导老师指定的不同线路车辆完成任务实施计划。

<table>
<tr><td>记录人</td><td></td><td>时间</td><td></td></tr>
<tr><td>任务实施计划</td><td colspan="3">可根据需要画横线。
<table>
<tr><td>序号</td><td>步骤名称</td><td>工作要点</td></tr>
<tr><td></td><td></td><td></td></tr>
</table>
</td></tr>
<tr><td>指导老师意见</td><td colspan="3">

指导老师签名:　　　　　　日期:</td></tr>
<tr><td rowspan="4">小组决策</td><td colspan="3">决策意见:</td></tr>
<tr><td colspan="3">作业流程:</td></tr>
<tr><td colspan="3">所需工具:</td></tr>
<tr><td colspan="3">注意事项:</td></tr>
</table>

任 务 实 施

根据指导老师提供的资讯，小组讨论合作分工，个人任务自己独立完成，协助任务配合完成，并按自己的角色记录完成情况。

<table>
<tr><td>记录人</td><td></td><td>时间</td><td></td></tr>
<tr><td>实施一
（讨论）</td><td colspan="3">讨论记录：</td></tr>
<tr><td>实施二
（任务完成）</td><td colspan="3">1. 选择一条城市轨道交通线路的车辆，辨识车辆设备的类型，说出车辆的结构，指认车辆主要部件的名称。
（1）指认下图车辆设备，并在图上写出各部件名称。

（2）指认下图转向架部件，并写出各部件名件。
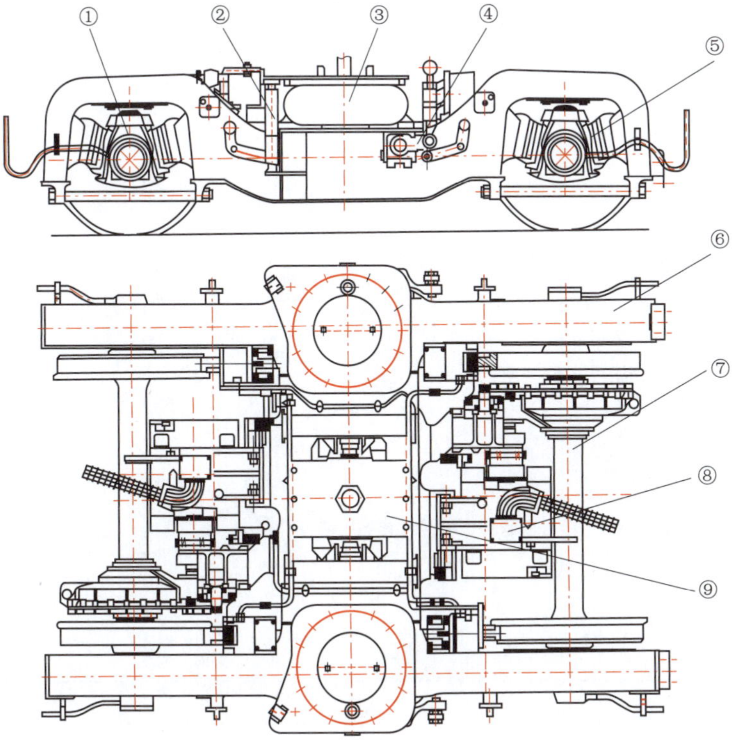
</td></tr>
</table>

续表

<table>
<tr><td rowspan="2">实施二
（任务完成）</td><td>2. 实地测量轨道交通车辆的参数，解释车辆的尺寸参数和技术参数的含义。
(1)在确保安全的条件下测量以下轨道交通车辆主要尺寸，并解释其含义。
①车辆长度：
②车辆最大宽度：
③车辆最大高度：
④车辆定距：
⑤固定轴距：
⑥车钩中心线距离钢轨面高度：
⑦地板面高度：
(2)解释自重、载重、轴重的含义。
(3)绘制城市轨道交通车辆限界图。</td></tr>
<tr><td>3. 绘制车辆三视图并标出车辆的主要尺寸参数。
(1)三视图及画法：
(2)绘制车辆三视图，标出车辆的主要尺寸参数：
(3)工具汇总表：
<table><tr><th>序　号</th><th>名　称</th><th>数　量</th></tr><tr><td></td><td></td><td></td></tr><tr><td></td><td></td><td></td></tr></table></td></tr>
</table>

续表

<table>
<tr><td rowspan="2">实施二
（任务完成）</td><td>4. 绘制城市轨道交通列车编组图，并分析当地城际轨道交通、普速铁路和高速铁路的列车编组。
（1）某地铁：
（2）某城际轨道交通：
（3）普速铁路：
（4）高速铁路：
（5）工具汇总表：
<table><tr><th>序　　号</th><th>名　　称</th><th>数　　量</th></tr><tr><td></td><td></td><td></td></tr><tr><td></td><td></td><td></td></tr></table></td></tr>
<tr><td>5. 小组讨论和组间交流，分析比较不同类型的轨道交通车辆，讨论车辆设备前沿技术的发展。</td></tr>
<tr><td>变更计划
记录</td><td>在任务实施过程中，如果执行计划有变更，请作记录，并说明理由。</td></tr>
<tr><td>指导老师
意见</td><td>指导老师签名：　　　　　　日期：</td></tr>
</table>

检查与评价

<table>
<tr><td colspan="4">任务 1　辨识城市轨道交通车辆设备</td><td></td><td></td><td></td><td rowspan="2">综合得分</td></tr>
<tr><td>记录人</td><td></td><td>记录时间</td><td></td><td>自我评价</td><td>小组评价</td><td>教师评价</td></tr>
<tr><td>1. 知识技能评价</td><td colspan="3">1. 辨识车辆设备，能说出车辆的结构及类型，指认出车辆主要部件并说出部件名称；
2. 熟悉轨道交通线路车辆参数，能解释车辆的尺寸参数和技术参数的含义；
3. 绘制车辆三视图，能标出车辆的主要尺寸参数；
4. 绘制某地铁轨道交通列车编组图，了解城际轨道交通、普速铁路和高速铁路的列车编组；
5. 分析比较不同类型的轨道交通车辆，讨论车辆设备技术发展</td><td></td><td></td><td></td><td rowspan="3"></td></tr>
<tr><td>2. 方法能力评价</td><td colspan="3">1. 具备根据资讯进行分析推理、归纳总结、建构知识架构的自学能力；
2. 具备绘制三视图、参数测量、使用卷尺等工具的能力；
3. 具备辨识车辆设备作业的团队协作、沟通交流能力</td><td></td><td></td><td></td></tr>
<tr><td>3. 思政评价</td><td colspan="3">1. 具备生命第一、设备安全、运输生产安全意识；
2. 具备按章操作职业素养；
3. 具备严格遵循《城市轨道交通行车组织规则》（JT/T 1185—2018）、《地铁车辆运营技术规范（试行）》标准化作业意识</td><td></td><td></td><td></td></tr>
</table>

反馈与改进

记录人		时间	
反馈与改进			

完善与拓展

记录人		时间	
完善与拓展	1. 学习本任务 MOOC 课程线上视野拓展视频； 2. 作为一名地铁站务员，你想知道轨道交通车辆还有哪些创新吗？		

任务总结报告

记录人		时间	
总结报告	请阐述任务评价反馈后，记录对不同种类车辆的结构和参数的认知、理解与使用的反思，并谈谈在任务实施过程中的体会。		

任务2　车辆运行原理分析

学习目标

1. 能区分车钩、缓冲装置等部分的结构，辨别车钩位置状态；
2. 会摘解和连挂车钩；
3. 能讲出轨道交通车辆三种制动方式的工作原理；
4. 能分辨城轨车辆制动系统的种类，认识其各组成部件；
5. 能绘制空气制动机工作原理图；
6. 根据相关资讯进行分析、推理和归纳，并建构车辆运行原理基本知识架构；
7. 具备生命第一、设备安全、运输生产安全的安全意识。

任务准备

器材工具	教学建议	课时
轨道交通车辆、车钩、制动装置	1. 校内有轨道交通车辆设备实训场地，建议现场教学； 2. 在确保安全条件下，到已开通运营的地铁或铁路线路、车站、车辆段、动车基地现场教学	6

任务作业单

本任务主要有以下几个部分：

1. 区分各类车钩的结构，能准确辨别车钩位置状态；
2. 模拟摘解和连挂车钩；
3. 简要说出轨道交通车辆三种制动方式的工作原理；
4. 分辨城轨车辆制动系统的种类，认识其各组成部件；
5. 画图说明空气制动机工作原理图；
6. 分析与比较不同类型的制动装置，讨论制动设备的未来发展。

自学资讯

序号	自学资讯名称	自学资讯内容
1	学习地图	本任务学习地图见主教材。
2	重难点微课视频(二维码见主教材)	1. 轨道交通车钩缓冲装置; 2. 辨识轨道交通车钩的三种状态; 3. 列车制动基础知识; 4. 轨道交通车辆制动原理

计划与决策

1. 选择城市轨道交通运营线路的车辆段或车辆实训场，明确各人任务职责，撰写任务实施计划。

2. 形成决策意见，包括所需工具(车钩等)，实训操作注意事项。

<table>
<tr><td>记录人</td><td></td><td>时间</td><td></td></tr>
<tr><td>任务实施计划</td><td colspan="3">可根据需要画横线。
<table><tr><td>序号</td><td>步骤名称</td><td>工作要点</td></tr><tr><td></td><td></td><td></td></tr></table></td></tr>
<tr><td>指导老师意见</td><td colspan="3">指导老师签名：　　　　日期：</td></tr>
<tr><td rowspan="4">小组决策</td><td colspan="3">决策意见：</td></tr>
<tr><td colspan="3">作业流程：</td></tr>
<tr><td colspan="3">所需工具：</td></tr>
<tr><td colspan="3">注意事项：</td></tr>
</table>

任务实施

根据指导老师提供的资讯，小组讨论合作分工，个人任务自己独立完成，协助任务配合完成，并按自己的角色记录完成情况。

记录人		时间	
实施一（讨论）	讨论记录：		
实施二（任务完成）	1. 实地调研某城市轨道交通车辆段或车辆停车场，区分各类车钩的结构，能准确辨别车钩位置状态。 (1)写出轨道交通车辆的三种车钩。 (2)写出 Scharfenberg(沙芬博格)式密接式车钩三种位置状态及工作原理。 (3)列出车钩实训室或车辆实训室车钩位置状态。 情境 1 ________，记录如下： 情境 2 ________，记录如下： 情境 3 ________，记录如下：		
	2. 在车辆实训场模拟摘解和连挂车钩，见主教材“技能训练”模块。		

续表

3. 实地调研某城市轨道交通车辆段或车辆实训场，简要说出轨道交通车辆三种制动方式的工作原理。

情境 1 ________，记录如下：

情境 2 ________，记录如下：

情境 3 ________，记录如下：

工具汇总表：

序　　号	名　　称	数　　量

实施二（任务完成）

4. 实地调研某城市轨道交通车辆段或车辆实训场，分辨城轨车辆制动系统的种类，认识其各组成部件。

（1）写出制动系统的类型。

（2）按下图写出自动空气制动机的各部件名称。

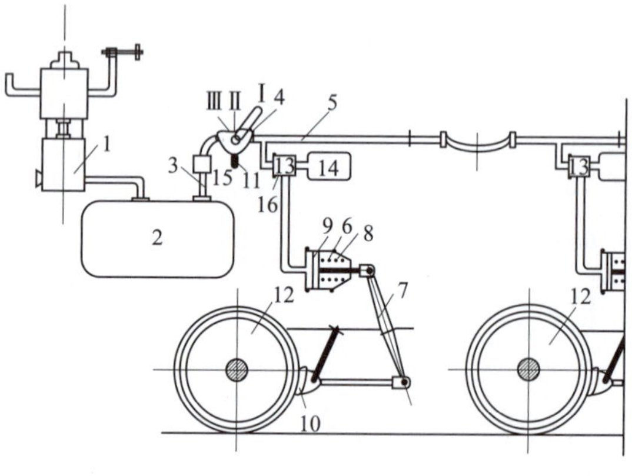

____

____

____

5. 选择一条城市轨道交通线路的车辆，画图说明空气制动机工作原理图。

续表

实施二 （任务完成）	6. 小组讨论和组间交流，分析与比较不同类型的制动装置，讨论制动设备的未来发展。
变更计划 记录	在任务实施过程中，如果执行计划有变更，请作记录，并说明理由。
指导老师 意见	指导老师签名：　　　　　　日期：

检查与评价

任务2　车辆运行原理分析							综合得分
记录人		记录时间		自我评价	小组评价	教师评价	
1. 知识技能评价	1. 会区分车钩、缓冲装置等部分的结构，辨别车钩位置状态； 2. 会摘解和连挂车钩； 3. 能说出轨道交通车辆三种制动方式的工作原理； 4. 能分辨城轨车辆制动系统的种类，认识其各组成部件； 5. 能绘制空气制动机工作原理图； 6. 会操作货车人力制动机； 7. 根据相关资讯进行分析、推理和归纳，并建构车辆运行原理基本知识架构； 8. 具备严格遵循《地铁车辆运营技术规范（试行）》标准化作业意识						
2. 方法能力评价	1. 具备根据资讯进行分析推理、归纳总结、建构知识架构的自学能力； 2. 具备安全操作车钩摘解和连挂、货车人力制动机的能力； 3. 具备在实训作业的团队协作、沟通交流能力						
3. 思政评价	1. 具备劳动安全、设备安全、运输生产安全的系统安全意识； 2. 具备安全操作、安全重于一切的岗位责任心； 3. 具备认真细致、沉着冷静的岗位职业素养						

反馈与改进

记录人		时间	
反馈与改进			

完善与拓展

记录人		时间	
完善与拓展	1. 学习本任务 MOOC 课程线上视野拓展视频； 2. 你知道车站是如何完成调车作业的吗，请说明； 3. 完成主教材“巩固与提高”模块。		

任务总结报告

记录人		时间	
总结报告	请阐述任务评价反馈后，记录对车钩的摘解和连挂、制动原理知识的认识、理解与车钩和制动使用反思，并谈谈在任务实施过程中的体会。		

任务3 车辆司机室设备的操作

学习目标

1. 会操作车辆司机室相关控制面板的按钮；
2. 模拟驾驶列车，完成列车启动、区间运行及站台作业；
3. 根据相关资讯进行分析、推理和归纳，并建构车辆司机室设备的操作基本知识架构；

4. 具备严格遵循《轨道列车司机(城市轨道交通列车司机)》标准化作业意识。

任务准备

器材工具	教学建议	课时
轨道交通车辆、模拟驾驶装置	1. 校内有轨道交通车辆设备实训场地,建议现场教学; 2. 在确保安全条件下,到已开通运营的地铁或铁路线路、车站、车辆段、动车基地现场教学	4

任务作业单

本任务主要有以下几个部分:

1. 操作车辆司机室相关控制面板的按钮。

(1)熟悉司机室各部件的名称及用途;

(2)正确操作司机室相关控制面板的按钮。

2. 模拟驾驶列车。

(1)启动列车;

(2)区间运行;

(3)站台作业。

3. 分析与比较不同类型的驾驶模式,讨论无人驾驶设备未来发展。

自学资讯

序号	自学资讯名称	自学资讯内容
1	学习地图	本任务学习地图见主教材
2	重难点微课视频(二维码见主教材)	1. 城轨车辆司机室设备认知; 2. 城市轨道交通列车模拟驾驶

计划与决策

1. 根据任务作业单进行岗位分工,明确各岗位工作职责,撰写任务实施计划。

2. 形成决策意见,包括所需工具(模拟驾驶装置)及实训操作相关注意事项(记录小组讨论需要注意的点)。

<table>
<tr><td>记录人</td><td></td><td>时间</td><td></td></tr>
<tr><td>任务实施计划</td><td colspan="3">可根据需要画横线。
<table><tr><td>序号</td><td>步骤名称</td><td>工作要点</td></tr><tr><td></td><td></td><td></td></tr></table></td></tr>
</table>

续表

指导老师意见	指导老师签名：　　　　日期：
小组决策	决策意见：
	作业流程：
	所需工具：
	注意事项：

任务实施

根据指导老师提供的资讯，小组讨论合作分工，个人任务自己独立完成，协助任务配合完成，并按自己的角色记录完成情况。

记录人		时间	
实施一（讨论）	讨论记录：		
实施二（任务完成）	1. 在城市轨道交通列车司机室内，操作车辆司机室相关控制面板的按钮，熟悉司机室各部件的名称及用途，正确操作司机室相关控制面板的按钮。 （1）指出司机室各部件的名称及用途。 （2）按规范操作司机室相关控制面板的按钮。		

续表

实施二（任务完成）

2. 在城市轨道交通列车司机室内或模拟驾驶室内，能按照列车司机的作业标准正确执行站、走姿、手势、驾驶动作，完成驾驶列车包括启动列车、区间运行、站台作业等。

2023 年 9 月 1 日，在某市地铁 1 号线，采用 ATO 模式，作为一名地铁司机，该如何安全、平稳、准点地完成该作业任务。

（1）启动列车。

①填写基础信息：

类　　别	描　　述
模拟驾驶设备型号	
所使用的线路名称	
选择该线路的行线（上行及下行）	
站点名称	

②启动列车：

（2）区间运行。

①填写基础信息：

类　　别	描　　述
模拟驾驶设备型号	
所使用的线路名称	
选择该线路的行线（上行及下行）	
站点名称	

②启动列车：

（3）站台作业。

①填写基础信息：

类　　别	描　　述
模拟驾驶设备型号	
所使用的线路名称	
选择该线路的行线（上行及下行）	
联动功能是否正常	

②站台作业：

3. 小组讨论和组间交流，分析与比较不同类型的驾驶模式，讨论无人驾驶设备未来发展。

续表

变更计划记录	在任务实施过程中，如果执行计划有变更，请作记录，并说明理由。
指导老师意见	指导老师签名：　　　　　　日期：

检查与评价

任务3　车辆司机室设备的操作							综合得分
记录人		记录时间		自我评价	小组评价	教师评价	
1. 知识技能评价	1. 会操作车辆司机室相关控制面板的按钮； 2. 模拟驾驶列车完成启动、区间运行及站台作业； 3. 根据相关资讯进行分析、推理和归纳，并建构车辆司机室设备的操作基本知识架构； 4. 具备严格遵循《轨道列车司机（城市轨道交通列车司机）》标准化作业意识						
2. 方法能力评价	1. 具备根据资讯进行分析推理、归纳总结、建构知识架构的自学能力； 2. 具备安全正确操作使用模拟驾驶装置的能力； 3. 具备在开展模拟驾驶列车时注意团队协作、沟通交流能力						
3. 思政评价	1. 具备劳动安全、设备安全、运输生产安全的系统安全意识； 2. 具备自我保护安全操作、安全重于一切的岗位责任心； 3. 具备认真细致、沉着冷静的岗位职业素养						

反馈与改进

记录人		时间	
反馈与改进			

完善与拓展

记录人		时间	
完善与拓展	1. 学习本任务 MOOC 课程线上视野拓展视频； 2. 以“道路千万条，安全第一条”为题，谈一谈你的观点和看法； 3. 完成主教材“巩固与练习”模块。		

任务总结报告

记录人		时间	
总结报告	请阐述任务评价反馈后，记录对不同种类车辆司机室设备用途和操作认知、模拟驾驶列车任务进行反思，并谈谈在任务实施过程中的体会。		

任务 4　车辆安全应急装置的运用

学习目标

1. 会操作紧急开门装置；
2. 会操作紧急疏散门；
3. 能对车门故障进行处理；
4. 根据相关资讯进行分析、推理和归纳，并建构车辆安全应急装置的基本知识架构；
5. 具备严格遵循《地铁车辆运营技术规范（试行）》标准化作业意识。

任务准备

器材工具	教学建议	课时
轨道交通车辆、紧急开门装置、紧急疏散门、车门	1. 校内有轨道交通车辆设备实训场地，建议现场教学； 2. 在确保安全条件下，到已开通运营的地铁或铁路线路、车站、车辆段、动车基地现场教学	4

任务作业单

本任务主要有以下几个部分：

1. 规范操作紧急开门装置；
2. 规范操作紧急疏散门；
3. 处理车门故障。

自学资讯

序号	自学资讯名称	自学资讯内容
1	学习地图	本任务学习地图见主教材
2	重难点微课视频（二维码见主教材）	1. 紧急开门装置的运用； 2. 紧急疏散门的运用； 3. 车门故障处理

计划与决策

1. 根据任务作业单进行岗位分工，明确各岗位工作职责，撰写任务实施计划。

2. 形成决策意见，包括所需工具（采用何种方式测量车辆参数）及实训操作相关注意事项（记录小组讨论需要注意的点）。

<table>
<tr><td>记录人</td><td></td><td>时间</td><td></td></tr>
<tr><td>任务实施计划</td><td colspan="3">可根据需要画横线。
<table><tr><th>序号</th><th>步骤名称</th><th>工作要点</th></tr><tr><td></td><td></td><td></td></tr></table></td></tr>
<tr><td>指导老师意见</td><td colspan="3">指导老师签名：　　　　日期：</td></tr>
<tr><td rowspan="4">小组决策</td><td colspan="3">决策意见：</td></tr>
<tr><td colspan="3">作业流程：</td></tr>
<tr><td colspan="3">所需工具：</td></tr>
<tr><td colspan="3">注意事项：</td></tr>
</table>

任务实施

根据指导老师提供的资讯，小组讨论合作分工，个人任务自己独立完成，协助任务配合完成，并按自己的角色记录完成情况。

<table>
<tr><td>记录人</td><td></td><td>时间</td><td></td></tr>
<tr><td>实施一
（讨论）</td><td colspan="3">讨论记录：</td></tr>
<tr><td rowspan="2">实施二
（任务完成）</td><td colspan="3">1. 演练紧急开门装置的应急处理。
（1）位置：
（2）什么情况下可以使用紧急开门装置打开车门？
（3）操作指引：
（4）注意事项：</td></tr>
<tr><td colspan="3">2. 演练紧急疏散门的应急处理。
（1）位置：
（2）什么情况下可以打开紧急疏散门逃生？
（3）操作指引：
（4）注意事项：</td></tr>
</table>

续表

实施二 （任务完成）	3. 演练车门故障的应急处理。 （1）车门故障： （2）车门切除： （3）操作指引： （4）注意事项：
变更计划记录	在任务实施过程中，如果执行计划有变更，请作记录，并说明理由。
指导老师意见	指导老师签名：　　　　日期：

检查与评价

任务4　车辆安全应急装置的运用							综合得分
记录人		记录时间		自我评价	小组评价	教师评价	
1. 知识技能评价	1. 会操作紧急开门装置； 2. 会操作紧急疏散门； 3. 能对车门故障进行处理； 4. 根据相关资讯进行分析、推理和归纳，并建构车辆安全应急装置的基本知识架构						
2. 方法能力评价	1. 具备根据资讯进行分析推理、归纳总结、建构知识架构的自学能力； 2. 具备安全使用车辆安全应急装置等工具的能力； 3. 具备在操作车辆安全应急装置提高团队协作、沟通交流能力						
3. 思政评价	1. 具备劳动安全、设备安全、运输生产安全的系统安全意识； 2. 具备自我保护安全操作、安全重于一切的岗位责任心； 3. 具备认真细致、沉着冷静的岗位职业素养						

反馈与改进

记录人		时间	
反馈与改进			

完善与拓展

记录人		时间	
完善与拓展	1. 学习本任务 MOOC 课程线上视野拓展视频； 2. 作为一名地铁站务员，当在车厢内发生危及生命安全和运营安全等极端情况下（如火情、爆炸等），应如何处理？ 3. 完成主教材“巩固与提高”模块。		

任务总结报告

记录人		时间	
总结报告	请阐述任务评价反馈后，记录对车辆安全应急装置的认知、理解与车辆安全应急装置操作的反思，并谈谈在任务实施过程中的体会。		

项目三

通信信号设备的运用

任务1 通信设备的运用

学习目标

1. 能看图说明城市轨道交通通信系统的组成；
2. 熟悉轨道交通通信系统的功能；
3. 能熟练运用城市轨道交通专用通信系统的重要设备进行联系；
4. 根据相关资讯建构轨道交通通信系统知识架构；
5. 具有运用轨道交通通信设备组织运输生产的岗位责任意识、保证运输组织安全和效率的科学思维和工程管理思维。

任务准备

器材工具	教学建议	课时
轨道交通车站、车辆段、调度控制中心运输组织模拟仿真系统	1. 校内有轨道交通运输组织实训场地，建议现场教学； 2. 在确保安全条件下，到已开通运营的地铁或铁路车站、车辆段、控制中心、动车基地现场教学	4

任务作业单

本任务主要有以下几个部分：

1. 画图说明城市轨道交通通信系统的组成及各子系统的功能；
2. 实地调研某地铁线路的乘客信息系统(passenger information system，PIS)，并说说该线路的PIS系统有何特点？
3. 模拟大客流情况时，站务人员对站台乘客进行客运广播；
4. 模拟地铁信号故障、列车紧急停车时，司机对列车乘客进行的客运广播；
5. 模拟演练地铁施工、故障救援、特大客流实施客流控制等实际运营场景，地铁控制中心、车站、列车之间运用轨道交通专用通信设备进行的作业联系；
6. 小组讨论和组间交流，轨道交通不同种类线路通信系统的差异。

自学资讯

序号	自学资讯名称	自学资讯内容
1	学习地图	本任务学习地图见主教材
2	重难点微课视频(二维码见主教材)	1. 轨道交通通信系统的组成； 2. 轨道交通专用通信系统应用

计划与决策

1. 根据任务作业单选择实际城市轨道交通运营线路，明确各人任务职责，撰写任务实施计划。

2. 选择大客流、紧急停车、施工、故障救援、特大客流实施客流控制等实际运营场景，形成决策意见。

<table>
<tr><td>记录人</td><td></td><td>时间</td><td></td></tr>
<tr><td>任务实施计划</td><td colspan="3">可根据需要画横线。
<table><tr><td>序号</td><td>步骤名称</td><td>工作要点</td></tr><tr><td></td><td></td><td></td></tr></table></td></tr>
<tr><td>指导老师意见</td><td colspan="3">
指导老师签名：　　　　日期：</td></tr>
<tr><td rowspan="4">小组决策</td><td colspan="3">决策意见：</td></tr>
<tr><td colspan="3">作业流程：</td></tr>
<tr><td colspan="3">所需工具：</td></tr>
<tr><td colspan="3">注意事项：</td></tr>
</table>

任务实施

根据指导老师提供的资讯，小组讨论合作分工，个人任务自己独立完成，协助任务配合完成，并按自己的角色记录完成情况。

记录人		时间	
实施一 （讨论）	讨论记录：		
实施二 （任务完成）	1. 画图说明城市轨道交通通信系统的组成及各子系统的功能。		
	2. 实地调研某地铁线路的乘客信息系统，并说说该线路 PIS 系统的特点。		
	3. 模拟大客流情况时，站务人员对站台乘客进行客运广播。		
	4. 模拟地铁信号故障列车紧急停车时，司机对乘客进行的客运广播。		

续表

实施二 （任务完成）	5. 模拟演练地铁施工、故障救援、特大客流实施客流控制等实际运营场景，地铁控制中心、车站、列车之间运用专用通信设备进行的作业联系。
	6. 小组讨论和组间交流，轨道交通不同种类线路通信系统的差异。
变更计划 记录	在任务实施过程中，如果执行计划有变更，请作记录，并说明理由。
指导老师 意见	指导老师签名：　　　　日期：

检查与评价

任务1　通信设备的运用							综合得分
记录人		记录时间		自我评价	小组评价	教师评价	
1. 知识技能评价	1. 能看图说明城市轨道交通通信系统的组成； 2. 熟悉轨道交通通信系统的功能； 3. 能熟练运用城市轨道交通专用通信系统的重要设备进行联系； 4. 根据相关资讯建构轨道交通通信系统知识架构						
2. 方法能力评价	1. 具备根据资讯进行分析推理、归纳总结、建构知识架构的自学能力； 2. 具备运输生产岗位协作、沟通交流能力						
3. 思政评价	1. 具备运用轨道交通通信设备组织运输生产岗位责任意识； 2. 培养保证运输组织安全和效率的科学思维和工程管理思维						

反馈与改进

记录人		时间	
反馈与改进			

改善与提高

记录人		时间	
改善与提高	拓展了解高速铁路通信系统的组成和作用。		

任务总结报告

记录人		时间	
总结报告	请阐述任务评价反馈后，记录对不同种类轨道交通通信设备运用的认知、理解与各种运营场景通信设备使用的反思，并谈谈在任务实施过程中的体会。		

任务2　固定信号和移动信号的运用

学习目标

1. 能看图说明城市轨道交通正线信号机的设置和显示；
2. 能绘制说明城际轨道交通和铁路车站进站、出站、区间通过信号机的设置和显示；
3. 能辨识各类信号表示器显示方式；
4. 能辨识各类信号标志；
5. 能正确显示列车运行手信号和调车手信号；
6. 根据相关资讯建构轨道交通信号系统知识架构；
7. 具备运用轨道交通信号指示列车运行和调车作业的安全意识；
8. 具备采用先进信号技术保证列车运行安全和效率的科学工程思维。

任务准备

器材工具	教学建议	课时
轨道交通车站、车辆段、调度控制中心运输组织模拟仿真系统	1. 校内有轨道交通运输组织实训场地，建议现场教学； 2. 在确保安全条件下，到已开通运营的地铁或铁路车站、车辆段、控制中心、动车基地现场教学	4

任务作业单

本任务主要有以下几个部分：

1. 画图说明城市轨道交通线路信号布置图正线信号机的设置及其显示；
2. 绘制城际轨道交通车站信号布置图，标明进站信号机和出站信号机；
3. 看图说明城际轨道交通车站进站信号机的显示及含义；
4. 看图说明铁路车站出站信号机的显示；
5. 辨识各类信号表示器；
6. 辨识各类信号标志；
7. 能正确显示列车运行手信号和调车手信号。

自学资讯

序号	自学资讯名称	自学资讯内容
1	学习地图	本任务学习地图见主教材
2	重难点微课视频（二维码见主教材）	1. 信号机的设置和显示； 2. 信号表示器及标志； 3. 列车运行手信号； 4. 调车手信号

计划与决策

1. 根据任务作业单，选择实际城市轨道交通运营线路，明确各人任务职责，撰写任务实施计划。

2. 选择具体城际铁路车站和铁路车站,形成决策意见,包括相关示意图(车站信号布置图)的绘制。

<table>
<tr><td>记录人</td><td></td><td>时间</td><td></td></tr>
<tr><td>任务实施计划</td><td colspan="3">可根据需要画横线。
<table><tr><td>序号</td><td>步骤名称</td><td>工作要点</td></tr><tr><td></td><td></td><td></td></tr></table></td></tr>
<tr><td>指导老师意见</td><td colspan="3">
指导老师签名：　　　　日期：</td></tr>
<tr><td rowspan="4">小组决策</td><td colspan="3">决策意见：</td></tr>
<tr><td colspan="3">作业流程：</td></tr>
<tr><td colspan="3">所需工具：</td></tr>
<tr><td colspan="3">注意事项：</td></tr>
</table>

任务实施

根据指导老师提供的资讯,小组讨论合作分工,个人任务自己独立完成,协助任务配合完成,并按自己的角色记录完成情况。

记录人		时间	
实施一 (讨论)	讨论记录:		
实施二 (任务完成)	1. 画图说明城市轨道交通线路信号布置图正线信号机的设置及其显示。		
	2. 绘制城际轨道交通车站信号布置图,标明进站信号机和出站信号机,并说明进、出站信号机的显示。 城际轨道交通车站信号布置图的绘制步骤如下: (1)选择某一城际轨道交通车站,绘制其车站线路示意图,并标注线路编号和道岔编号; (2)根据车站的进站口标注进站信号机和反方向进站信号机; (3)在车站的到发线和正线标注出站信号机。		
	3. 辨识信号表示器和信号标志。		
	4. 能正确显示列车运行手信号和调车手信号。		

续表

实施二（任务完成）	5. 小组讨论和组间交流，轨道交通不同种类线路车站的进站信号机和出站信号机显示的差异。
变更计划记录	在任务实施过程中，如果执行计划有变更，请作记录，并说明理由。
指导老师意见	指导老师签名： 日期：

检查与评价

任务 2 固定信号和移动信号的运用							综合得分
记录人		记录时间		自我评价	小组评价	教师评价	
1. 知识技能评价	1. 能看图说明城市轨道交通正线信号机设置和显示； 2. 能绘制说明城际轨道交通和铁路车站进站、出站、区间通过信号机的设置和显示； 3. 能辨识各类信号表示器显示方式； 4. 能辨识各类信号标志； 5. 具备能正确显示列车运行手信号和调车手信号						
2. 方法能力评价	1. 具备根据资讯进行分析推理、归纳总结、建构轨道交通固定信号和移动信号知识架构的自学能力； 2. 具备轨道交通信号显示前沿技术综合使用能力						
3. 思政评价	1. 具备理解轨道交通信号显示具备指示列车运行或调车车列动车的行车命令性质的安全意识； 2. 具备分析比较城市轨道交通和铁路信号差异的比较思维方法						

反馈与改进

记录人		时间	
反馈与改进			

改善与提高

记录人		时间	
改善与提高	在完成指定任务的基础上，拓展了解高速铁路进站、出站和通过信号机等固定信号机的设置和显示。		

任务总结报告

记录人		时间	
总结报告	请阐述任务评价反馈后，记录对不同类型的轨道交通信号设备的设置、显示含义的认知、理解与运用的反思，并谈谈在任务实施过程中的体会。		

任务3　车站联锁设备的运用

学习目标

1. 能按规定办理列车进路；
2. 能正确办理取消列车进路；
3. 了解继电器、轨道电路工作原理；
4. 掌握联锁的含义；

5. 具备运输生产安全意识，能遵守“统一指挥、逐级负责”的行车组织原则，岗位协作顺畅；
6. 具备遵循《接发列车作业》和《车机联控标准》进行接发列车标准化作业意识。

任务准备

器材工具	教学建议	课时
1. 轨道交通车站计算机联锁模拟控制台； 2. 车站接发列车行车日志等簿册	根据实际情况选用主流的轨道交通车站计算机联锁模拟控制台	4

任务作业单

对于联锁设备运用，主要任务有以下几个部分：
1. 辨析车站线路信号布置图的信号机设置、车站联锁按钮设置；
2. 运用轨道交通常见车站计算机联锁系统办理进路、取消进路、办理引导接车进路：
情境一：城际铁路 DS6-K5B 车站计算机联锁；
情境二：城市轨道交通 SICAS 区域联锁 LOW 工作站；
情境三：其他车站计算机联锁。

自学资讯

序号	资讯名称	二维码
1	学习地图	本任务学习地图见主教材
2	重难点微课视频（二维码见主教材）	1. 什么是轨道电路； 2. 什么是联锁； 3. DS6-K5B 车站计算机联锁系统的运用——办理进路； 4. DS6-K5B 车站计算机联锁系统的运用——解锁进路； 5. DS6-K5B 车站计算机联锁系统的运用——引导接车； 6. SICAS 车站计算机联锁系统的运用； 7. 如何认知联锁图表

计划与决策

1. 根据任务作业单进行岗位分工，明确各岗位工作职责，撰写任务实施计划。

2. 形成决策意见，包括所需工具（信号布置示意图）及实训操作相关注意事项（记录小组讨论需要注意的点）。

<table>
<tr><td>记录人</td><td colspan="2"></td><td>时间</td><td></td></tr>
<tr><td rowspan="3">任务实施计划</td><td colspan="4">根据需要画横线。</td></tr>
<tr><td>序号</td><td>步骤名称</td><td colspan="2">工作要点</td></tr>
<tr><td></td><td></td><td colspan="2"></td></tr>
</table>

续表

指导老师意见	指导老师签名： 日期：
小组决策	决策意见：
	作业流程：
	所需工具：
	注意事项：

任务实施

根据指导老师提供的资讯，小组讨论合作分工，个人任务自己独立完成，协助任务配合完成，并按自己的角色记录完成情况。

记录人		时间	
实施一（讨论）	讨论记录：		
实施二（任务完成）	1. 辨析车站线路信号布置图的信号机设置、车站联锁按钮设置。		
	2. 运用常见计算机联锁系统办理进路、取消进路、办理引导接车进路； （1）情境一：城际铁路 DS6-K5B 车站计算机联锁。 选择 DS6-K5B 车站计算机联锁系统进行办理进路、取消进路、办理引导接车进路训练。该系统与 TYJL-Ⅱ计算机联锁系统办理进路、取消进路、办理引导接车进路基本原理相同，只是操作界面略有不同，技能训练时需根据系统显示界面进行区分。		

续表

实施二 （任务完成）	(2)情境二：城市轨道交通 SICAS 区域联锁 LOW 工作站。 (3)情境三：其他类型车站计算机联锁。 3. 按所选情境做出处理，并记录作业要点。 情境________，记录如下：
变更计划 记录	在任务实施过程中，如果执行计划有变更，请作记录，并说明理由。
指导老师 意见	指导老师签名：　　　　日期：

检查与评价

任务3　车站联锁设备的运用							综合得分
记录人		记录时间		自我评价	小组评价	教师评价	
1. 知识技能评价	1. 画图说清楚轨道电路工作原理； 2. 能就一条进路清楚表达联锁的含义； 3. 能举例说明接车进路、发车进路、通过进路的起始点； 4. 能按规定办理接车进路、发车进路和通过列车进路； 5. 能按规定办理引导接车进路； 6. 能正确办理取消进路						
2. 方法能力评价	1. 具备根据资讯进行分析推理、归纳总结、建构联锁知识架构的自学能力； 2. 具备办理进路时具备严格按照接发列车作业流程进行标准化作业的能力						
3. 思政评价	1. 具备联锁设备安全操作、安全重于一切的岗位责任心； 2. 具备联锁设备故障情况下应急办理进路等的接发列车岗位职业素养						

改善与提高

记录人		时间	
改善与提高	1. 完成主教材“巩固与提高”模块； 2. 在完成指定任务的基础上，学习 MOOC 学院平台“视野拓展”模块，了解相关推荐资讯： （1）某地铁运营线路 SICASLOW 工作站介绍 1； （2）某地铁运营线路 SICASLOW 工作站介绍 1。 3. 拓展了解智慧城轨的联锁设备技术发展趋势； 4. 拓展了解城际铁路、高速铁路的联锁设备技术发展趋势。		

任务总结报告

记录人		时间	
总结报告	请阐述任务评价反馈后，记录对不同联锁设备办理接车进路、发车进路、通过列车和引导接车进路等操作的认知、理解与使用的反思，并谈谈在任务实施过程中的体会。		

任务 4　区间闭塞设备的运用

学习目标

1. 理解车站和区间的划分，辨析行车闭塞法含义和种类；
2. 认知半自动闭塞操作和表示设备，了解半自动闭塞与联锁的关系，能运用半自动闭塞设备正常办理闭塞、取消闭塞；
3. 掌握自动闭塞的分类、工作原理，了解基于通信的移动闭塞；
4. 掌握自动闭塞区段车站接发列车程序，能按标准完成自动闭塞条件下正常情况接车（通过）、发车作业；
5. 掌握电话闭塞办理的条件和注意事项，会填写电话闭塞行车凭证——路票；
6. 根据相关资讯进行分析归纳，并建构轨道交通闭塞设备的知识架构；
7. 接发列车作业时，能遵守“统一指挥、逐级负责”行车组织原则，岗位协作顺畅；
8. 具备严格遵循《接发列车作业标准》《车机联控标准》进行接发列车的标准化作业意识。

任务准备

器材工具	教学建议	课时
轨道交通运输组织模拟仿真系统	1. 校内有轨道交通运输组织实训场地，建议现场教学； 2. 可组织学生参观轨道交通车站、车辆段和调度控制中心	4

任务作业单

本任务主要有以下几个部分：

1. 运用半自动闭塞设备正常办理闭塞、取消闭塞；
2. 按标准完成自动闭塞条件下正常情况接车（通过）作业；
3. 按标准完成自动闭塞条件下正常情况发车作业；
4. 填写电话闭塞行车凭证——路票。

自学资讯

序号	自学资讯名称	自学资讯内容
1	学习地图	本任务学习地图见主教材
2	重难点微课视频（二维码见主教材）	1. 行车闭塞的概念； 2. 如何办理半自动闭塞； 3. 自动闭塞工作原理； 4. 电话闭塞办理的条件及路票填写

计划与决策

1. 小组讨论和组间交流，指导老师指定不同闭塞设备的接发列车作业。

2. 根据任务作业单进行车站值班员、助理值班员（或站务员）岗位分工，明确各岗位工作职责，撰写任务实施计划。

3. 根据指导老师提供的资讯（例如闭塞设备类型等）形成决策意见，包括所需工具（信号布置示意图）及实训操作相关注意事项（记录小组讨论需要注意的点）。

记录人		时间	
任务实施计划	可根据需要画横线。		

序号	步骤名称	工作要点

续表

指导老师意见	指导老师签名：　　　　　日期：
小组决策	决策意见：
	作业流程：
	所需工具：
	注意事项：

任务实施

根据指导老师提供的资讯，小组讨论合作分工，个人任务自己独立完成，协助任务配合完成，并按自己的角色记录完成情况。

记录人		时间	
实施一（讨论）	讨论记录：		

续表

实施二 （任务完成）	1. 运用半自动闭塞设备正常办理闭塞、取消闭塞。
	2. 按标准完成自动闭塞条件下正常情况接车（通过）作业。
	3. 按标准完成自动闭塞条件下正常情况发车作业。
	4. 填写电话闭塞行车凭证——路票。
变更计划记录	在任务实施过程中，如果执行计划有变更，请作记录，并说明理由。
指导老师意见	指导老师签名： 日期：

检查与评价

任务 4　区间闭塞设备的运用							综合得分
记录人		记录时间		自我评价	小组评价	教师评价	
1. 知识技能评价	1. 认知半自动闭塞操作和表示设备，能运用半自动闭塞设备正常办理闭塞、取消闭塞； 2. 能按标准完成自动闭塞条件下正常情况接车（通过）、发车作业； 3. 掌握电话闭塞办理的条件，会填写电话闭塞行车凭证——路票						
2. 方法能力评价	1. 具备根据相关资讯进行分析归纳，并建构轨道交通闭塞设备的知识架构； 2. 具备接发列车团队协作、沟通交流能力						
3. 思政评价	1. 接发列车作业时，能遵守“统一指挥、逐级负责”行车组织原则，岗位协作顺畅； 2. 具备严格遵循《接发列车作业标准》《车机联控标准》进行接发列车的标准化作业意识						

反馈与改进

记录人		时间	
反馈与改进			

改善与提高

记录人		时间	
改善与提高	1. 完成主教材“巩固与提高”模块； 2. 拓展了解轨道交通闭塞设备的技术发展历程，并向小组同学展示。		

任务总结报告

记录人		时间	
总结报告	请阐述任务评价反馈后，总结半自动闭塞设备办理闭塞、自动闭塞正常情况接发列车和电话闭塞法行车凭证填写的经验和体会。		

任务5　列车自动控制系统的认知和运用

学习目标

1. 理解列车自动控制(automatic train control，ATC)系统的概念，熟悉 ATC 系统的组成；
2. 能画图说明列车自动控制系统 ATC 的组成；
3. 会分析说明 ATP(automatic train protection，列车自动保护)系统目标距离制动模式曲线工作原理；

4. 能看图说明 ATP 车载设备的组成、工作原理；
5. 根据相关资讯进行分析归纳，并建构列车自动控制系统 ATC 的知识架构；
6. 具备采用先进技术保证列车运行安全的工程思维。

任务准备

器材工具	教学建议	课时
轨道交通运输组织模拟仿真系统	1. 校内有轨道交通运输组织实训场地，建议现场教学； 2. 有条件的情况下，到已开通运营的地铁或铁路车站控制室或调度控制中心参观	4

任务作业单

本任务主要有以下几个部分：
1. 画图说明列车自动控制系统 ATC 的组成；
2. 比较 ATC 三个子系统的功能差异；
3. 分析说明 ATP 系统目标距离制动模式曲线工作原理；
4. 看图说明 ATP 车载设备的组成及其功能。

自学资讯

序号	自学资讯名称	自学资讯内容
1	学习地图	本任务学习地图见主教材
2	重难点微课精讲视频（二维码见主教材）	1. 列车自动控制系统 ATC 的组成和功能； 2. ATP 车载系统的组成与工作原理

计划与决策

1. 根据任务作业单，进行岗位分工，明确岗位职责，撰写任务实施计划。
2. 形成决策意见，包括所需工具及完成任务相关注意事项（记录小组讨论需要注意的点）。

<table>
<tr><td>记录人</td><td></td><td>时间</td><td></td></tr>
<tr><td>任务实施计划</td><td colspan="3">可根据需要画横线。
<table><tr><td>序号</td><td>步骤名称</td><td>工作要点</td></tr><tr><td></td><td></td><td></td></tr></table></td></tr>
</table>

续表

指导老师意见	指导老师签名：　　　　　　日期：
小组决策	决策意见：
	作业流程：
	所需工具：
	注意事项：

任 务 实 施

根据指导老师提供的资讯，小组讨论合作分工，个人任务自己独立完成，协助任务配合完成，并按自己的角色记录完成情况。

记录人		时间	
实施一（讨论）	讨论记录：		
实施二（任务完成）	1. 画图说明列车自动控制系统（ATC）的组成，主要包括控制中心、车站及轨旁、列车部分三大组成部分： （1）控制中心主要包括控制台、计算机子系统和数据传输系统； （2）车站及轨旁设备主要包括车站的控制台、车站数据传输系统、进路控制、显示、车地通信、区间信号、列车检测、速度命令、停站控制等发送和接发设备； （3）列车部分包括 ATP 速度命令和车门控制、ATO（automatic train operation，列车自动运行）速度调整和定位停车、ATS（automatic train supervision，列车自动监控）列车识别和进路指令等接收和接发设备。		

续表

实施二 （任务完成）	2. 分析说明 ATP 系统目标距离制动模式曲线工作原理。
	3. 看图说明 ATP 车载设备的组成及其功能。
	4. 小组讨论和组间交流，分析 ATC 三个子系统的功能差异。
变更计划记录	在任务实施过程中，如果执行计划有变更，请作记录，并说明理由。
指导老师意见	指导老师签名：　　　　日期：

检查与评价

任务 5　列车自动控制系统的认知和运用							综合得分
记录人		记录时间		自我评价	小组评价	教师评价	
1. 知识技能评价	1. 理解 ATC 系统的概念，熟悉 ATC 系统的组成； 2. 能画图说明 ATC 系统的组成； 3. 会分析说明 ATP 系统目标距离制动模式曲线工作原理； 4. 能看图说明 ATP 车载设备的组成、工作原理						
2. 方法能力评价	1. 具备根据资讯进行分析推理、归纳总结、建构知识架构的自学能力； 2. 能分析并建构列车自动控制系统 ATC 的知识架构						
3. 思政评价	1. 具备轨道交通行车组织安全与效率兼顾的工程管理意识； 2. 具备紧跟列车控制系统前沿技术的改革创新意识						

反馈与改进

记录人		时间	
反馈与改进			

改善与提高

记录人		时间	
改善与提高	1. 完成主教材“巩固与提高”模块； 2. 拓展了解 ATC 的技术发展历程，并向小组同学展示； 3. 进行 ATC 三个子系统实际应用场景研究。		

任务总结报告

记录人		时间	
总结报告	请阐述任务评价反馈后，总结对 ATC 的认知和运用任务实施过程的体会。		

项目四

车站机电设备的运用

任务1 车站消防系统运用

学习目标

1. 能识别车站消防设备；
2. 能正确使用车站的灭火器、消火栓等灭火器材和气体灭火系统；
3. 具备发现火灾隐患、消防设备故障防微杜渐的岗位责任心；
4. 具备设备故障、火灾报警等紧急情况下胸有成竹、临危不乱和沉着冷静的岗位职业素养。

任务准备

器材工具	教学建议	课时
灭火器、IBP 盘、气体灭火系统模型、计算机、记录本	1. 校内有线路设备实训场地，建议现场教学； 2. 在确保安全条件下，到已开通运营的地铁车站现场教学	8

任务作业单

本任务主要有以下几个部分：

1. 熟悉车站消防系统架构，并绘制车站消防系统架构图；
2. 分析灭火系统工作原理，并绘制火灾报警处置流程图；

情境一：车控室收到车站公共区域的火灾报警信号；

情境二：车控室收到设备房火灾报警信号。

3. 对干粉灭火器、二氧化碳灭火器、消火栓、消防服、气体灭火系统等消防设施设备进行模拟操作或穿戴。

自学资讯

序号	自学资讯名称	自学资讯内容
1	学习地图	本任务学习地图见主教材
2	重难点微课视频（二维码见主教材）	1. 认知车站消防系统； 2. 学会正确处置火灾； 3. 学会如何使用消火栓； 4. 学会如何使用灭火器； 5. 学会使用气体灭火系统

计划与决策

1. 根据任务作业单进行岗位分工，明确各岗位工作职责，撰写任务实施计划。

2. 形成决策意见，包括所需工具（采用何种方式绘制图，消防设备支持如何实现）和注意事项。

<table>
<tr><td>记录人</td><td></td><td>时间</td><td></td></tr>
<tr><td>任务实施计划</td><td colspan="3">可根据需要画横线。
<table><tr><th>序号</th><th>步骤名称</th><th>工作要点</th></tr><tr><td></td><td></td><td></td></tr></table></td></tr>
<tr><td>指导老师意见</td><td colspan="3">
指导老师签名：　　　　　　日期：</td></tr>
<tr><td rowspan="4">小组决策</td><td colspan="3">决策意见：</td></tr>
<tr><td colspan="3">作业流程：</td></tr>
<tr><td colspan="3">所需工具：</td></tr>
<tr><td colspan="3">注意事项：</td></tr>
</table>

任务实施

根据指导老师提供的资讯，小组讨论合作分工，个人任务自己独立完成，协助任务配合完成，并按自己的角色记录完成情况。

<table>
<tr><td>记录人</td><td></td><td>时间</td><td></td></tr>
<tr><td>实施一
（讨论）</td><td colspan="3">讨论记录：</td></tr>
<tr><td rowspan="3">实施二
（任务完成）</td><td colspan="3">1. 绘制车站消防系统架构图。
（1）车站消防设备清单。
<table>
<tr><th>位置</th><th>设备名称</th><th>主要功能</th></tr>
<tr><td></td><td></td><td></td></tr>
<tr><td></td><td></td><td></td></tr>
<tr><td></td><td></td><td></td></tr>
<tr><td></td><td></td><td></td></tr>
</table>
（2）绘制车站消防系统架构图。
请按照各设备的联锁关系绘制车站消防系统架构图。</td></tr>
<tr><td colspan="3">2. 绘制火灾报警处置流程图。
情境一：车控室收到车站公共区域的火灾报警信号；
情境二：车控室收到设备房火灾报警信号。</td></tr>
<tr><td colspan="3">3. 消防器材操作演示。
请各小组选取 1 ~ 2 种消防器材，现场演示或视频录制消防器材的操作或穿戴。</td></tr>
</table>

续表

变更计划记录	在任务实施过程中，如果执行计划有变更，请作记录，并说明理由。
指导老师意见	指导老师签名：　　　　日期：

检查与评价

任务1　车站消防系统运用							综合得分
记录人		记录时间		自我评价	小组评价	教师评价	
1. 知识技能评价	1. 能识别车站消防设备； 2. 能按地铁车站火灾作业流程灭火； 3. 能正确处置车站火灾误报警； 4. 能正确使用车站的灭火器、消火栓等灭火器材和气体灭火系统等； 5. 掌握车站消防系统架构； 6. 理解火灾报警系统、灭火器、气体灭火系统等工作原理； 7. 掌握误报警、初起火灾的处置流程						
2. 方法能力评价	1. 具备根据资讯进行分析推理、归纳总结、建构知识架构的自学能力； 2. 具备火灾报警流程处置中的团队协作、沟通交流能力； 3. 具备严格按照消防作业流程进行标准化作业的能力						
3. 思政评价	1. 具备生命第一、设备安全、运输生产安全的消防安全意识； 2. 具有发现火灾隐患、消防设备故障防微杜渐的岗位责任心； 3. 具备设备故障、火灾报警等紧急情况下胸有成竹、临危不乱和沉着冷静的岗位职业素养						

反馈与改进

记录人		时间	
反馈与改进			

完善与拓展

记录人		时间	
完善与拓展	1. 轨道交通消防系统前沿技术探索； 2. 观看主教材学习地图线上课程的视野拓展视频： 视野拓展 1：各类消防器材的使用		

任务总结报告

记录人		时间	
总结报告	请通过评价反馈，反思本人对车站消防系统的认知、理解和使用所存在的不足，并谈谈在本任务实施过程中的体验和感悟。		

任务 2 车站自动扶梯运用

学习目标

1. 能正确进行自动扶梯的开启、关闭、换向操作和电梯的开启、关闭操作；
2. 能正确进行电梯困人的流程处置；

3. 能正确进行自动扶梯运行故障、乘客受伤等突发情况的处置；
4. 具有发现不当乘降行为、乘降系统运行隐患的岗位责任心。

任务准备

器材工具	教学建议	课时
计算机、IBP 盘模型、记录本	1. 校内有线路设备实训场地，建议现场教学； 2. 在确保安全条件下，到已开通运营的地铁车站现场教学	8

任务作业单

本任务主要有以下几个部分：
1. 熟悉车站内电梯与自动扶梯的结构，绘制电梯与自动扶梯的组成结构简图；
2. 根据乘客使用乘降系统的场景，分小组编制图文并茂的设备操作说明书：
情境一：乘客在电梯内按下呼救电话；
情境二：某站台自动扶梯需要工作人员手动开启、换向及关闭；
情景三：某位乘客在自动扶梯上不小心摔倒。

自学资讯

序号	自学资讯名称	自学资讯内容
1	学习地图	本任务学习地图见主教材
2	重难点微课视频（二维码见主教材）	1. 认知车站乘降系统； 2. 如何操作自动扶梯

计划与决策

1. 根据任务作业单进行岗位分工，明确各岗位工作职责，撰写任务实施计划。

2. 形成决策意见，包括所需工具（采用何种软件进行电梯与自动扶梯的组成结构图绘制，参考资料从哪里获取，用哪种软件可以快速便捷制作操作说明书）及相关注意事项（记录小组讨论需要注意的点）。

<table>
<tr><td>记录人</td><td></td><td>时间</td><td></td></tr>
<tr><td>任务实施计划</td><td colspan="3">可根据需要画横线。
<table><tr><td>序号</td><td>步骤名称</td><td>工作要点</td></tr><tr><td></td><td></td><td></td></tr></table></td></tr>
</table>

续表

指导老师意见	指导老师签名：　　　　日期：
小组决策	决策意见：
	作业流程：
	所需工具：
	注意事项：

任务实施

根据指导老师提供的资讯，小组讨论合作分工，个人任务自己独立完成，协助任务配合完成，并按自己的角色记录完成情况。

记录人		时间	
实施一（讨论）	讨论记录：		
实施二（任务完成）	1. 车站乘降系统结构图。 (1)车站电梯设备调研表。		

车站名称	
所在线路	
电梯位置	
电梯品牌	
额定载重	
提升速度	
井道类型	

续表

<table>
<tr><td rowspan="2">实施二
（任务完成）</td><td>（2）绘制车站电梯的结构简图。
请按照所调研电梯的结构样式，按照相关知识点的介绍，绘制该电梯的结构简图，标明各个结构的名称。

（3）车站自动扶梯设备调研表。
<table>
<tr><td>车站名称</td><td></td></tr>
<tr><td>所在线路</td><td></td></tr>
<tr><td>电梯位置</td><td></td></tr>
<tr><td>电梯品牌</td><td></td></tr>
<tr><td>名义宽度</td><td></td></tr>
<tr><td>扶手类型</td><td></td></tr>
<tr><td>紧停按钮位置</td><td></td></tr>
</table>
（4）绘制车站自动扶梯的结构简图。
请按照所调研自动扶梯的结构样式，按照相关知识点的介绍，绘制该自动扶梯的结构简图，标明各个结构的名称。</td></tr>
<tr><td>2. 乘降系统场景设备操作说明书制作。（根据选取场景进行设计制作）。
情境一：乘客在电梯内按下呼救电话；
情境二：某站台自动扶梯需要工作人员手动开启、换向及关闭；
情景三：某位乘客在自动扶梯上不小心摔倒。</td></tr>
<tr><td>变更计划
记录</td><td>在任务实施过程中，如果执行计划有变更，请作记录，并说明理由。</td></tr>
<tr><td>指导老师
意见</td><td>指导老师签名：　　　　日期：</td></tr>
</table>

检查与评价

任务2　车站自动扶梯运用							综合得分
记录人		记录时间		自我评价	小组评价	教师评价	
1. 知识技能评价	1. 能说出电梯与自动扶梯的结构组成； 2. 掌握自动扶梯和电梯突发事件的处置流程； 3. 能正确开启电梯与关停电梯； 4. 能正确进行自动扶梯的开启、关闭、换向操作； 5. 能正确进行电梯困人的流程处置； 6. 能正确进行自动扶梯运行故障、乘客受伤等突发情况的处置						
2. 方法能力评价	1. 具备根据资讯进行分析推理、归纳总结、建构知识架构的自学能力； 2. 具备突发事件流程处置中的团队协作、沟通交流能力； 3. 具备严格按照乘降设备操作流程进行标准化作业的能力						
3. 思政评价	1. 具备生命第一、设备操作安全的安全生产意识； 2. 具有发现不当乘降行为、察觉乘降系统运行隐患的岗位责任心； 3. 具备乘降设备故障、乘客乘降过程受伤等紧急情况下胸有成竹、临危不乱和沉着冷静的岗位职业素养						

反馈与改进

记录人		时间	
反馈与改进			

完善与拓展

记录人		时间	
完善与拓展	1. 乘降系统前沿技术探索； 2. 观看主教材学习地图线上课程的视野拓展视频： 视野拓展1：西朗站手扶梯监视； 视野拓展2：自动扶梯急停按钮。		

任务总结报告

记录人		时间	
总结报告	请阐述任务评价反馈后，记录对车站乘降系统的认知、理解与使用的反思，并谈谈对任务实施过程中的体会。		

任务3　车站站台门运用

学习目标

1. 能识别站台门的机械组成部分；
2. 能识别应急门、滑动门、端门等；
3. 能进行站台门站台级、就地级的操作控制；
4. 对单个站台门和多个站台门故障进行处置；
5. 具有处理站台门故障时临危不乱、沉着冷静的岗位职业素养。

任务准备

器材工具	教学建议	课时
灭火器、IBP盘、气体灭火系统模型、计算机、记录本	1. 校内有线路设备实训场地，建议现场教学； 2. 在确保安全条件下，到已开通运营的地铁车站现场教学	8

任务作业单

本任务主要有以下几个部分：

1. 熟悉车站站台门分布，并绘制某地下车站站台门布局图，并标注就地控制盘与就地控制盒LCB；

2. 分析站台门故障处理原则与站台门控制原理，分小组进行站台门故障演练。

情境一：列车进站后，发车前单个站台门故障处理；

情境二：列车进站后，发车前多个站台门故障处理。

自学资讯

序号	自学资讯名称	自学资讯内容
1	学习地图	本任务学习地图见主教材
2	重难点微课视频（二维码见主教材）	1. 认知站台门； 2. 站台门的三级控制； 3. 单个站台门故障的应急处置； 4. 多个站台门故障的应急处置

计划与决策

1. 根据任务作业单进行岗位分工，明确各岗位工作职责，撰写任务实施计划。
2. 形成决策意见，包括所需工具（采用何种方式绘制图，站台门故障角色分配）和注意事项。

<table>
<tr><td>记录人</td><td></td><td>时间</td><td></td></tr>
<tr><td>任务实施计划</td><td colspan="3">可根据需要画横线。
<table><tr><td>序号</td><td>步骤名称</td><td>工作要点</td></tr><tr><td></td><td></td><td></td></tr></table></td></tr>
<tr><td>指导老师意见</td><td colspan="3">指导老师签名：　　　　日期：</td></tr>
<tr><td rowspan="4">小组决策</td><td colspan="3">决策意见：</td></tr>
<tr><td colspan="3">作业流程：</td></tr>
<tr><td colspan="3">所需工具：</td></tr>
<tr><td colspan="3">注意事项：</td></tr>
</table>

任务实施

根据指导老师提供的资讯，小组讨论合作分工，个人任务自己独立完成，协助任务配合完成，并按自己的角色记录完成情况。

<table>
<tr><td>记录人</td><td></td><td>时间</td><td></td></tr>
<tr><td>实施一
（讨论）</td><td colspan="3">讨论记录：</td></tr>
<tr><td rowspan="2">实施二
（任务完成）</td><td colspan="3">1. 绘制车站站台门布局图。
（1）车站站台门站台级控制和就地级控制设备清单。
<table><tr><th>位置</th><th>设备名称</th><th>主要功能</th></tr><tr><td></td><td></td><td></td></tr><tr><td></td><td></td><td></td></tr><tr><td></td><td></td><td></td></tr><tr><td></td><td></td><td></td></tr></table>（2）绘制地下车站站台门布局图。
请按照滑动门、应急门、端门的布局进行站台门布局图绘制。
（3）标注就地控制盘与就地控制盒。</td></tr>
<tr><td colspan="3">2. 小组演练站台门故障应急处置。
情境一：列车进站后，发车前单个站台门故障应急处置；
情境二：列车进站后，发车前多个站台门故障应急处置。</td></tr>
<tr><td>变更计划
记录</td><td colspan="3">在任务实施过程中，如果执行计划有变更，请作记录，并说明理由。</td></tr>
</table>

续表

指导老师意见	指导老师签名：　　　　日期：

检查与评价

任务3　车站站台门运用						
记录人		记录时间	自我评价	小组评价	教师评价	综合得分
1. 知识技能评价	1. 能识别站台门的机械组成部分； 2. 能识别不同类型的站台门； 3. 能识别应急门、滑动门、端门等； 4. 能进行站台门站台级、就地级的操作控制； 5. 能对单个站台门和多个站台门故障进行处置； 6. 掌握不同类型站台门的特点； 7. 掌握站台门机械部分的功能； 8. 掌握站台门控制系统的主要设备； 9. 掌握单个站台门和多个站台门故障的处置流程					
2. 方法能力评价	1. 具备根据资讯进行分析推理、归纳总结、建构知识架构的自学能力； 2. 具有处理站台门故障时团队协作、沟通交流能力					
3. 思政评价	1. 具备生命第一、站台门设备操作安全的安全生产意识； 2. 具备以人为本、安全行车的意识； 3. 具有处理站台门故障时临危不乱、沉着冷静的岗位职业素养					

反馈与改进

记录人		时间	
反馈与改进			

完善与拓展

记录人		时间	
完善与拓展	本任务线上课程的技能拓展。 技能拓展1:单个站台门故障的应急处置; 技能拓展2:多个站台门故障的应急处置。		

任务总结报告

记录人		时间	
总结报告	请通过评价反馈,反思本人对车站站台门系统的认知、理解和使用所存在的不足,并谈谈在本任务实施过程中的体验和感悟。		

任务4　车站其他机电设备运用

学习目标

1. 能跟踪给排水、暖通空调、环境与设备监控系统(building automatic system,BAS)的前沿技术;
2. 能正确进行IBP(integrated business planning,综合后备盘)盘上各个模块的操作;
3. 能利用IBP盘对突发事件进行处置;
4. 具有防微杜渐、细致负责的岗位职业素养。

任务准备

器材工具	教学建议	课时
IBP盘模型、拍摄工具、记录本	1. 校内有线路设备实训场地,建议现场教学; 2. 在确保安全条件下,到已开通运营的地铁车站现场教学	4

任务作业单

本任务主要有以下几个部分:

1. 搜集至少四种不同线路不同车站车控室的IBP盘面布局图,分析四种IBP盘面的相同点与不同点;

2. 分小组演练IBP盘面不同模块的应用场景,总结该模块在该场景下的操作要点并录制操作视频。

自学资讯

序号	自学资讯名称	自学资讯内容
1	学习地图	本任务学习地图见主教材
2	重难点微课视频(二维码见主教材)	车站控制室 IBP 盘的操作

计划与决策

1. 根据任务作业单进行岗位分工,明确各岗位工作职责,撰写任务实施计划。
2. 形成决策意见,包括所需工具(到哪些车站以何种方式搜集盘面布局)和注意事项。

<table>
<tr><td>记录人</td><td></td><td>时间</td><td></td></tr>
<tr><td>任务实施计划</td><td colspan="3">可根据需要画横线。
<table><tr><td>序号</td><td>步骤名称</td><td>工作要点</td></tr><tr><td></td><td></td><td></td></tr></table></td></tr>
<tr><td>指导老师意见</td><td colspan="3">指导老师签名:　　　　　日期:</td></tr>
<tr><td rowspan="4">小组决策</td><td colspan="3">决策意见:</td></tr>
<tr><td colspan="3">作业流程:</td></tr>
<tr><td colspan="3">所需工具:</td></tr>
<tr><td colspan="3">注意事项:</td></tr>
</table>

任务实施

根据指导老师提供的资讯，小组讨论合作分工，个人任务自己独立完成，协助任务配合完成，并按自己的角色记录完成情况。

<table>
<tr><td>记录人</td><td></td><td>时间</td><td></td></tr>
<tr><td>实施一
（讨论）</td><td colspan="3">讨论记录：</td></tr>
<tr><td rowspan="2">实施二
（任务完成）</td><td colspan="3">1. 不同类型 IBP 盘面对比分析。
（1）不同类型 IBP 盘面展示。

（2）不同 IBP 盘面对分析。
<table>
<tr><td>模块名称</td><td>IBP 盘面编号</td><td>说明分析</td></tr>
<tr><td>信号模块</td><td></td><td></td></tr>
<tr><td>站台门模块</td><td></td><td></td></tr>
<tr><td>自动售检票系统闸机模块</td><td></td><td></td></tr>
<tr><td>……</td><td></td><td></td></tr>
<tr><td></td><td></td><td></td></tr>
<tr><td></td><td></td><td></td></tr>
</table>
</td></tr>
<tr><td colspan="3">2. 小组演练 IBP 盘面各个模块应急处理。</td></tr>
<tr><td>变更计划
记录</td><td colspan="3">在任务实施过程中，如果执行计划有变更，请作记录，并说明理由。</td></tr>
</table>

续表

指导老师意见	指导老师签名：　　　　日期：

检查与评价

任务4　车站其他机电设备运用							综合得分
记录人		记录时间		自我评价	小组评价	教师评价	
1. 知识技能评价	1. 能判断自动售检票系统的技术发展趋势； 2. 能跟踪给排水、暖通空调、环境与设备监控系统（BAS）的前沿技术； 3. 掌握 IBP 盘的功能组成； 4. 掌握 IBP 盘应急处置的流程； 5. 掌握自动售检票系统、给排水系统、暖通空调系统、BAS 的功能； 6. 能识别 IBP 盘上的各个功能模块； 7. 能正确进行 IBP 盘上各个模块的操作； 8. 能利用 IBP 盘对突发事件进行处置						
2. 方法能力评价	1. 具备根据资讯进行分析推理、归纳总结、建构知识架构的自学能力； 2. 具有 IBP 盘面各模块应急处理时团队协作、沟通交流能力						
3. 思政评价	1. 具备车站机电设备操作的安全生产意识； 2. 具备以人为本、安全行车的意识； 3. 具有防微杜渐、细致负责的岗位职业素养； 4. 具有处理紧急情况时团队协作、沟通交流能力						

反馈与改进

记录人		时间	
反馈与改进			

完善与拓展

记录人		时间	
完善与拓展	进行智慧车站新型机电设备前沿技术的探索。		

任务总结报告

记录人		时间	
总结报告	请通过评价反馈，反思本人对车站其他机电设备的认知、理解和使用所存在的不足，并谈谈本任务实施过程中的体验和感悟。		

参考文献

[1] 费安萍,姚琴兰,杨恒.城市轨道交通运输设备的运用[M].2版.北京:中国铁道出版社有限公司,2024.

[2] 铁路运输设备.张树峰[M].上海:上海交通大学出版社,2020.

[3] 张唯.铁道运输设备[M].北京:中国铁道出版社,2002.

[4] 林瑜筠.城市轨道交通运输设备[M].北京:中国铁道出版社,2008.

[5] 胡思继.铁路行车组织[M].北京:中国铁道出版社,2020.

[6] 赵况英,冯俊杰.铁路行车组织[M].北京:中国铁道出版社,2018.

[7] 季令,张国宝.城市轨道交通运营组织[M].北京:中国铁道出版社,2003.

[8] 魏晓东.城市轨道交通自动化系统与技术[M].北京:电子工业出版社,2004.

[9] 何宗华,汪松滋,何其光.城市轨道交通运营组织[M].北京:中国建筑工业出版社,2003.

[10] 毛保华,姜帆.城市轨道交通[M].北京:科学出版社,2002.

[11] 郭喜春,王国博,孙龙梅.铁道概论[M].北京:中国铁道出版社有限公司,2023.

[12] 林瑜筠.计算机联锁[M].北京:中国铁道出版社,2016.

[13] 费安萍.城市轨道交通运输设备的运用[M].成都:西南交通大学出版社,2008.

[14] 中国铁路总公司.铁路技术管理规程[M].北京:中国铁道出版社有限公司,2020.